| 入职 | 履职 | 离职 | 后续 |

职场

法律常识案例读本

蔡慧永 刘双玉 / 主编

ZHICHANG
FALU CHANGSHI ANLI DUBEN

法官说法

中国法制出版社
CHINA LEGAL PUBLISHING HOUSE

《职场法律常识案例读本》编委会

主　编　蔡慧永　刘双玉

副主编　李艳红　汪　琦　杨平胜　吴　琼
王元田　魏立新

执行主编　梁　良

编　辑　王　辉　许　振

撰稿人（以姓氏笔画为序）
王　蒙　王兵莹　李　晗　李　曦　邹鸿雁　梁　良

总序

TOTAL ORDER

全民普法，是中国特色社会主义法治建设的一个显著特色。自 1985 年党和政府颁布《关于向全体公民基本普及法律常识的五年规划》以来，对亿万民众的法治宣传教育已经进入到第七个五年规划阶段（2016—2020 年）。如此规模宏大、持续不断的普法进程，古今中外，史无前例。

党的十八届四中全会以“全面依法治国”为主题，要求“坚持把全民普法和守法作为依法治国的长期基础性工作，深入开展法治宣传教育”；十八届五中全会进一步要求“弘扬社会主义法治精神，增强全社会特别是公职人员尊法学法守法用法观念，在全社会形成良好法治氛围和法治习惯”；十九大报告更是以“提高全民族法治素养”的高度，强调“全面依法治国是国家治理的一场深刻革命，必须坚持厉行法治，推进科学立法、严格执法、公正司法、全民守法”。同时，习近平总书记还多次强调“领导干部要做尊法学法守法用法的模范”，要求法治宣传教育“要创新宣传形式，注重宣传实效”，为法治宣传教育工作指明了方向，提供了基本遵循。随着中国特色社会主义建设进入新时代，深入开展法治宣传教育、加大全民普法力度、增强全民法治观念，具有日益重要而深远的现实意义。

法官普法，正是在这样一个历史背景下，成为了新时代法治建设的责任和使命。自党的十八届四中全会明确提出国家机关“谁执法谁普法”的普法责任，中共中央办公厅、国务院办公厅于2017年5月17日印发并实施《关于实行国家机关“谁执法谁普法”普法责任制的意见》（以下简称《意见》），为健全普法宣传教育机制，落实普法责任，提出了纲领性的指引。普法责任不再仅仅局限于各级各地的司法行政部门，更是成为所有国家机关和公务人员的公共责任。这其中，人民法院和人民法官，作为法律的实际解释者和案件的具体裁判者，既责无旁贷，也是最佳人选。《意见》提出“建立法官、检察官、行政执法人员、律师等以案释法制度”，法官首当其冲。

法官普法，以案释法，正是本着这一主旨。《法官说法丛书》总编委会积极探索普法形式和内容的创新与突破，努力为“七五普法”、新时代社会主义法治建设贡献一份力量！

与中国的普法和法治进程相伴，《法官说法丛书》是一个系列丛书。本期出版的是第一批，总计六本，包括《公民法律常识案例读本》《农村居民法律常识案例读本》《国家工作人员法律常识案例读本》《职场法律常识案例读本》《校园法律常识案例读本》《安全生产法律常识案例读本》。

尽管是初创，丛书涉及方面之广，组织作者之多，都已极其难得。在法院领导的支持下，参与编写的北京市西城区人民法院、北京市房山区人民法院法官共102人，编写案例126篇。该期丛书从六个具体方面，通过“以案释法”的形式，以案例作为普法载体，将概括、抽象的法律条文生动化、具体化，通过说身边事、育身边人，有针对性地进行法律知识的普及。并且在帮助人民群众正确理解和遵守法律的同时，培养公民的法律素养和法律信仰，塑造公民的法治观念。

在每一个具体法律问题的讲解中，本丛书各分册均统一遵循案情回顾、法理分析、知识拓展和普法提示的编排体例，由表及里、深入浅出。在内容上，丛书力求将案例分析与理论阐述紧密结合，甄选的案例聚焦时下热点话题，紧密贴合执法实际。对案例的评析以解读相关法律条款为基础，但又不局限于此，尽可能地结合法律原理、原则、精神、目的等进行更为深入的阐释，以期为读者提供更为准确的行为指引和更为丰富的法律知识补给，为维护和谐安定的社会环境和推动我国法治进程贡献自己的力量。

值此中华人民共和国成立七十周年、“七五普法”收官之际，我们谨以此套丛书献礼祖国！

《法官说法丛书》总编委会

2019 年 7 月

序

PREFACE

我国政府历来高度重视劳动关系问题，近年来就构建和谐劳动关系制定了一系列方针政策和法律法规，有力地推进了劳动关系工作的改革创新，保持了劳动关系的和谐稳定。但是，我国现在正处于社会经济发展转型的关键时期，人口红利逐步消失，企业用工成本日益增加，劳动关系和劳动争议正发生深刻的变化。2008 年，我国颁布实施《劳动合同法》，进一步完善了劳动合同制度。但由于实践的复杂性及立法的相对抽象性，《劳动合同法》对于某些问题的规定比较宽泛，劳资关系的不平衡导致用人单位滥用相关制度侵犯劳动者合法权益的现象，以及劳动者滥用《劳动合同法》的倾向性保护原则的现象时有发生。

为了进一步满足劳资双方学法用法的需求，北京市西城区人民法院组织多名从事审判一线或审判研究工作的干警，根据审判实践中积累的办案经验和案件素材，以及日常的思考和研究，将普法案例和日常审判实践有机结合起来，通过以案释法和警示教育，引导用人单位和劳动者，要秉持诚信原则，促进劳动力市场的长效发展，进而共同构建和谐劳动关系。

全书共分为四章，分别为“入职”“履职”“离职”“后续”，从入职到离职的时间维度讲述有关职场法律常识，汇总时下有关职场的热点话题，精选相关法律要点，对典型案例作了深入评析，对相关联的法律条文进行了细致解读，具有较强的针对性、实用性和可读性。希望这本书的出版，能够为广大人民群众提供一本普法宣传读本，为职场劳资双方提供一本学法工具书。法律乃治国之重器，法律的生命力在于实施，希望读者朋友们通过对普法案例的学习，不断补充法律知识，增强法律意识，提高运用法律的能力，树立守法光荣、违法可耻的社会主义法治观念。

由于资料来源和征集水平所限，编辑过程中难免存在疏漏及不规范之处，恳请大家批评指正。

《职场法律常识案例读本》编委会

2019 年 7 月

目录

CONTENTS

第四章 后 续

第一章

入　职

案例一

岗前实习

——何时起算入职时间

李晗[①]

案情回顾

令狐小冲是一名全日制本科在校大学生。2012年9月，小冲念大三，21岁。为减轻上大学给家里带来的经济压力，大三第二学期开始，即从2013年3月起，小冲利用业余时间到某商贸公司兼职工作。因小冲工作认真，踏实肯干，受到公司领导好评。2014年7月，小冲本科毕业，因其在商贸公司工作中表现突出，毕业后直接被商贸公司录取为正式员工。2016年，商贸公司因内部改制、人员调整，原公司领导人员更换，公司经营思路调整，不再保留小冲所在部门。小冲经过多年工作锻炼，已经成为业务骨干，也很想离职自己闯出一片天地。所以，商贸公司提出解除与小冲的劳动关系。但双方在解除劳动关系赔偿金的问题上发生争议，未能谈妥，所以令狐小冲先后申请劳动仲裁及提起诉讼。

仲裁及诉讼过程中，双方争议的焦点其实只有一个，即令狐小冲的入职时间，根据劳动合同法的规定，这涉及计算令狐小冲在商贸公司的

---

① 北京市西城区人民法院民七庭法官。

工作年限问题。小冲主张应当从2013年3月入职商贸公司时起算，其理由为，虽然当时入职公司是兼职工作，但是从事的工作是公司的业务组成，公司也按月支付报酬，个人也接受了公司的管理，符合建立劳动关系的基本特征。商贸公司则主张双方从2014年7月开始建立劳动关系，其理由为虽然令狐小冲是从2013年3月开始工作，但当时小冲的身份是全日制大学生，其主要以学习为目的，到公司工作是兼职，并非其生活主要内容，只有令狐小冲正式毕业后，双方才从2014年7月开始建立正式的劳动关系。所以，令狐小冲何时与商贸公司建立劳动关系，成为法庭上唇枪舌剑的焦点。

法理分析

法院这样来认定

本案的审理结果，法院最终认定令狐小冲与某商贸公司自2014年7月开始建立劳动关系。本案法院这样认定，是源于对令狐小冲与某商贸公司之间法律关系的界定。令狐小冲在上大学期间兼职从事工作，工作是小冲自己找的，目的是给家庭减少经济压力，因此，其工作的实质是勤工助学。原劳动部颁布的《关于贯彻执行〈中华人民共和国劳动法〉若干问题的意见》第十二条中规定：在校生利用业余时间勤工助学，不视为就业，未建立劳动关系，可以不签订劳动合同。这就是法院认定令狐小冲与某商贸公司在2014年7月之前不存在劳动关系的依据。原劳动部为什么会单独作这样的规定呢？这需要从立法沿革出发来探究。

在1995年1月1日开始实施《劳动法》之前，签订劳动合同并不是建立劳动关系的必要条件，但是劳动法颁布实施后，法律强制性要求建立普遍的劳动合同制度，在《劳动法》第十六条第二款中规定，建立劳动关系应当订立劳动合同。原劳动部在《关于〈劳动法〉若干条文的说明》中，特别强调：建立劳动关系的所有劳动者，不论是管理人员、技术人员还是原来所称的固定工，都必须签订劳动合同。“应当”在这里是“必须”的含义。在此之后，大部分用人单位遵循劳动法的规定，与员工签订了劳动合同。但是由于现实生活中，用工形式的多种多样、企业内部组织机构不一以及由于在当时企业改制过程中存在诸多遗留问题，是否全部一刀切地签订劳动合同，仍然是摆在企业和政府面前的困惑难点。所以，原劳动部又作出了《关于贯彻执行〈中华人民共和国劳动法〉若干问题的意见》这样一个文件，其中在劳动合同订立的一节中，将比较特殊的几类劳动者，如富余人员、放长假的职工、外单位借用人员、请长病假的职工、停薪留职人员、党群专职人员等，是否应该签订劳动合同的问题，单独作出了规定，这就包括了本案中涉及的在校生身份的人员。在校生的本职是学习，勤工助学参加工作不能否认其学生身份，而且参加工作只能是在学习之外时间进行。在校生参加工作，不论从接受用人单位的管理程度、参加工作的时间以及接受劳动报酬的数额等诸多方面，均与正常工作的劳动者相差较大。所以，原劳动部才作出上述规定，认定在校生勤工助学，不视为就业，不能视为建立劳动关系。

回归到上述案例中，令狐小冲 2013 年 3 月到商贸公司工作，其当时的身份还是学生，兼职工作非其主业，更何况兼职的实质是勤工助学，所以法院最终没有支持令狐小冲的主张，而是采信了商贸公司的意见。

知识拓展

参加工作前应注意的问题

回到本章节的问题，关键在于我们要如何确定“参加工作”这个时间点。我们通常认为，一个人学生生涯结束，初次到用人单位工作，是正式参加工作的开始。以大学本科毕业生举例，当他全部完成学业，被学校授予学历、学位，初次找到工作后，他要向学校报告说明所要去的工作单位，然后由学校、工作单位、学生个人签署三方协议，学校向学生个人发放派遣证，由学生个人将派遣证交至工作单位，然后由学生个人和工作单位办理各项入职手续，完成初次正式参加工作的流程。所以，在一般人印象中，这个初次参加工作的时间，就是学生生涯结束的时间，因此职业高中、普通高中毕业生没有上大学就工作的，参加工作的年龄大约是 18 周岁左右；大学本科毕业参加工作的，年龄在 22 周岁左右；研究生学历毕业参加工作的，则应该在 24 周岁往后。但是我们不要忘记《民法总则》第十八条第二款还规定：“十六周岁以上的未成年人，以自己的劳动收入为主要生活来源的，视为完全民事行为能力人。”也就是说，如果一个人虽然未满 18 周岁成年，但是只要年满 16 周岁，就可以参加工作，而该法律条文所隐藏的含义，就是只要年满 16 周岁参加工作，就可以与所在工作单位形成劳动关系。禁止用人单位招用未满 16 周岁的未成年人是我国的强制性、禁止性规定；文艺、体育和特种工艺单位招用未满 16 周岁的未成年人，需要经过国家审批手续；特别情况不在此过多说明。16 周岁大约可以认为是一个人在初中毕业后不久的年龄。可见，参加工作、可以与用人单位建立劳动关系的时间点，并非以一个人完成学生生涯为标志。

既然不是以学生是否毕业作为认定劳动关系的依据，为什么在之前提到的案例中，法院没有认定令狐小冲与某商贸公司在 2014 年 7 月之前形成劳动关系呢？这就要从另一方面——用工形式的角度来进行分析了。

不能否认的事实是，我国劳动法是在1995年开始实施的，上文所涉及的原劳动部颁布的多部文件，时间也都是在1995年前后。随着我国经济发展，用工形式已经呈现出多元化的趋势。2008年开始实施的劳动合同法中，将非全日制用工、劳务派遣等用工形式以法律进行明确规定，说明现实生活中的用工方式已经比1995年的时候发生较大变化。当时的文件如何适用于当今的用工方式，是目前劳动法学界的重要课题。

单从学生的角度来看。20世纪90年代，甚至更早时，对于高校毕业生，甚至一些职业高中的毕业生，工作都是由国家进行分配。当时的社会经济发展水平还不足以有足够的企业（主要是私企）来承接大量的毕业生，而毕业生也鲜有自己创业的例子，毕业生的流动性较差。毕业生不必过多为找工作发愁，而一旦进入单位工作，则很多人就会干一辈子。在校学生是不是工作，与毕业后要进入哪个单位工作，从事什么行业工作，没有什么必然的联系。正如原劳动部《关于贯彻执行〈中华人民共和国劳动法〉若干问题的意见》第十二条规定的那样，在校生工作，大多属于勤工助学的性质，没有必要将在校生从事临时性工作的情况，纳入劳动者的范畴。

然而，随着经济发展，在校生工作的情况越来越普遍，形式也从过去的勤工助学这一种形式，演变出多种形式。我们在此延伸来说明。现实中，在校生参加工作一般有以下几种形式：1. 勤工助学，也可以理解为是兼职。2. 实习，一般分为两种情况，第一种是以提高实际工作能力为目的，但是时间较短；另一种是学生临近毕业，以就业为目的，从事较长时间的实习，后一种实习有可能与正式参加工作联系起来。3. 见习。上述几种情况中，在校生是否与工作单位能够形成劳动关系，我们分别进行分析。

1. 勤工助学

在过去，在校生为了减轻家庭和自己学习生活负担，利用业余时间参加工作，可以视为勤工助学，我们视之为兼职。但是，兼职工作在如今，学生已经未必仅仅是出于减轻经济负担的目的。很多学生为了能够早日了解社会，为了缩短从学校走向社会的时间，在学校的时候就主动从事兼职工作，兼职工作的类型包罗万象，如服务、销售、演艺等各行各业。

勤工助学一般不认定为存在劳动关系，首先，是基于原劳动部颁布的《关于贯彻执行〈中华人民共和国劳动法〉若干问题的意见》第十二条的规定。其次，劳动关系的特征在于劳资双方的人身隶属关系，劳动者要接受用人单位的管理，长期、稳定地接受用人单位的劳动安排，用人单位要固定给劳动者发放报酬；而从事兼职工作的在校生，受课业、学期等因素的影响，工作时间都是在业余时间，工作内容一般比较灵活，学生与用人单位双方人身隶属性较弱，劳动报酬的结算也并不稳定，一般是以学生工作的小时、次数、业绩等作为结算依据，用人单位一般也不会像正式劳动者一样，必须按月支付给学生工资。最后，入职、离职较为随意，既然在校生工作是多为兼职，用人单位一般也不会像对待正式劳动者一样，必须履行签订合同、开立社保缴纳账户等入职手续，大多是签署一张类似于入职申请的文件，即开始工作，而由于在校生需以学业为重，离职时也会比较随意，用人单位也不会像对正式劳动者一样，必须进行协商给付代通知金、补偿金的步骤。所以，归根结底，兼职只是在校生为了锻炼自身、勤工助学的一种形式，并非作为生活的全部，也不可能像社会上的劳动者一样，需要通过劳动来达到养家糊口的目的。

但是，我们还是要在此作出提示，在校生进行工作，确实不能形成我们传统意义上的劳动关系，但是由于社会发展，用工形式也在变得多元化，《劳动合同法》有单独的一节称之为“非全日制用工”，非全日制用工是指以小时计酬为主，劳动者在同一用人单位一般平均每日工作时间不超过4小时，每周工作时间累计不超过24小时的用工形式。如果在校生参加兼职工作，在计薪方式、工作时间等方面符合上述规定的，则有可能与用人单位形成“非全日制用工”这种特殊的劳动关系形式，当然，这有待于劳动仲裁或司法机关的最终认定。

2. 实习

毕业生一般都会经历实习阶段，实习分为两种，第一种是以提高实际工作能力为目的，但是时间较短。这种实习一般集中在寒暑假。有可能是学校统一组织到某单位工作，也有可能是学生到自己找的单位工作。这种实习有可能会有报酬，也有可能是无偿的。例如，理工科的学生可能会被安排到工厂从事实际操作机器的工作，文科的学生可能会被安排到政府部门从事文件整理录入的工作。这种短时间的实习，可以说从任何角度看都不符合建立劳动关系的特征，因此双方也不会形成劳动关系。但是需要注意的是，要防止出现学校利用实习为名，组织学生成为血汗工厂廉价劳动力的现象，这种情况是媒体报道过的，并且屡见不鲜，甚至于在实习过程中，学生遭受工伤甚至死亡的现象也频现报端。作为学生，正式参加工作前需要有锤炼自己能力的过程，但也要擦亮双眼，不要成为受侵害的对象。同时我们也呼吁有关部门能够对这种现象加以重视。

还有一种实习形式，是学生临近毕业，以就业为目的，从事时间较长的实习。这种实习，很有可能与毕业后参加工作相联系起来。假如一名大学生，在其大四的最后一学期还未结束毕业的情况下，已经找到了工作，在大四最后一学期课业负担已经相对较轻的情况下，工作单位为了让毕业生能够尽快适应毕业后的工作环境，有可能会让毕业生提前到岗实习，全部实习工作过程完全符合对于一个正规劳动者的要求，如工作时间、着装、工作内容等，这时双方可能仅仅就差履行签订三方协议、转移个人档案等程序，而其他实质内容完全符合建立劳动关系的特征。这时，双方是否能够视为建立劳动关系呢？在这一点上，审判领域中是存在争议的，有人认为双方可以建立劳动关系，有人则认为双方不能建立劳动关系。但大部分人是倾向第一种观点的，因为建立劳动关系是以年龄为标志，并未禁止在校生以学生的身份工作，更何况毕业前的实习本身就是以最后参加工作为目的，学生在实习中完全接受了用人单位的管理，并按照用人单位的指示进行工作，其工作内容属于用人单位的业务组成，这都符合建立劳动关系的实质特征，因此也应当认定双方存在劳动关系。

3. 见习

见习的情况较为特殊，现实中并不多见。见习是指政府部门组织对离校后未就业的毕业生，到企事业单位进行实践性训练的一种就业扶持措施。目前可见的形式多为地方政府出台规定，建立见习基地，对参加见习的毕业生范围、见习期限予以明确，签订就业见习协议等。见习的特征是，毕业生由用人单位管理，无劳动报酬，但就业见习期间的生活补贴由政府财政提供，毕业生纳入生产组织，工作内容属于用人单位的业务范围。由于在校生毕业后未就业，因此参加由政府机构组织的见习活动，也可以视为一种在正式参加工作前锻炼自己的一种方式，但是不宜视为见习人员与用人单位存在劳动关系。见习是政府扶持就业的一种政策性行为，见习人员虽然从事用人单位的工作，但不领取劳动报酬，政府发放的生活补贴不能视为用人单位支付的劳动报酬，见习是以未来就业为目的，见习人员与用人单位的人身隶属性较弱，可能会随时解除这种见习工作的关系，所以，就业见习协议并非一种劳动合同，双方不存在劳动关系。

普法提示

莫让违法行为侵犯了自己的权利

学校是一座象牙塔，学生在没有真正踏入社会之前，不论思想、感情、人际关系都是比较纯洁的。社会是复杂的，讲求效率、公平，人际关系也远比在学生阶段复杂，然而，社会并不会给毕业的学生们过多适应的时间。

那么，只有学生们在日常学习的过程中，一方面用所学到的知识充实自己，另一方面也要通过各种方式为走向社会做好准备。诚如本章节所要讨论的问题，在毕业前，适当通过兼职、实习等方式接触社会、了解社会、锤炼自己，才会在毕业后用最短的时间适应社会、做好本职工作。

然而话说回来，学生还应当以学习为主。兼职也好，实习也好，都是对学习的有力补充，本身也是学习的过程。本章节讨论兼职、实习的性质以及是否与用人单位形成劳动关系，其目的在于让在校学生保持警醒，避免在学生阶段参加兼职、实习活动就遇到不法侵害；同时，作为在校学生也要保持好自己的心态，兼职、实习只是学习的过程和手段，即便遇到挫折或者不公，也都是一种磨炼自己的经历。

归纳之前讲解的在校生工作的形式和法律条文，我们可以得出结论，在校生工作时，可能会与工作单位形成劳动关系，也有可能不形成劳动关系；能够形成劳动关系的情形只有在正式参加工作之前的实习这一种，而这一种情况实践中也存在争议；其他情形，不论是短期实习、勤工助学的兼职工作和见习，都不宜视为双方存在劳动关系。

在校生在业余时间工作时，不能排除会遇到合法权利被工作单位侵害的情形，这时维护自己的权利是必要的。作为司法机关，我们支持在校的学生们，以劳动者的身份维护自身合法权益，但是维权必须符合法律的途径。我们也有义务告诉大家，通过仲裁及诉讼维权，胜诉、败诉的风险是同时存在的，对于结果，大家要理性对待输赢。切不可因噎废食，从而耽误了正常的学业，扰乱了人生规划。

案例二

诚信入职

——一场由简历引发的纠纷

李晗①

案情回顾

匹诺曹于2016年3月入职某建筑设计公司，担任资深家装设计师一职。在工作一段时间之后，建筑设计公司发现匹诺曹的工作能力一般，不足以胜任该职务，遂对匹诺曹在入职时填写的简历中的工作经历产生怀疑。经过从招聘网站查询，公司发现匹诺曹在2014年制作的简历和2016年3月入职其公司时提交的简历内容不一致，主要差别在于两份简历中的工作经历部分，其中2014年的简历中匹诺曹称在2012年至2014年任职于某知名家装公司设计师助理职务，而在2016年3月的简历中匹诺曹称在某知名家装公司任设计师职务。因此，建筑设计公司认为，设计师助理和设计师职位设定不一致，具体工作内容不一致，匹诺曹将其在某知名家装公司任设计师助理的职位改成设计师，导致公司在信任匹诺曹确实曾任某知名家装公司设计师职位，具有相关工作经验的前提下，才录用匹诺曹，因此，匹诺曹的行为构成欺诈。进而，建筑设计公司向劳动仲裁委员会申请仲裁，

① 北京市西城区人民法院民七庭法官。

要求确认双方劳动合同关系无效。

仲裁过程中，双方对于简历中内容不一致，是否构成欺诈进而导致劳动合同无效这一焦点问题，进行了举证、质证，发表了辩论意见。建筑设计公司坚持其主张，但除了两份从招聘网站上打印出来的匹诺曹的简历之外，并无其他证据提交。仲裁员询问公司代理人是否针对两份简历的差别之处，到某知名家装公司进行核实调查，是否在员工入职时遵循行规对人员做尽职调查，公司代理人均表示没有进行调查；仲裁员进一步询问公司代理人，假如匹诺曹两份简历不一致确实影响到工作开展，具体有哪些表现，公司代理人则表示由于匹诺曹设计的图纸无法满足客户要求，致使一些潜在的客户没有与其公司签约。匹诺曹不认可建筑设计公司的主张，匹诺曹认为设计师助理的工作内容是辅助设计师从事一些事务性工作，是在设计师的指示下工作，工作内容与设计相关，并且，在设计师的培养下，能够独立地从事设计工作。所以，虽然两份简历内容填写不一致，但并不影响工作内容的实质，也不影响其工作能力的认定。至于一些客户的流失问题，是企业的一种经营风险，换作别人也可能会出现这种问题，因此不能将客户流失的责任全部归责于其个人。双方对于争议焦点分歧较大，只能等待仲裁委员会作出最后裁决。

法理分析

怎样认定入职欺诈

本案的裁决结果，仲裁委员会最终认定建筑设计公司与匹诺曹的劳动合同关系有效，故驳回了建筑设计公司的仲裁请求。

仲裁委为什么会这样作出认定呢？首先，我们要对构成劳动合同无效的情形有初步的了解。《劳动合同法》第二十六条第一款规定，下列劳动合同无效或者部分无效：（1）以欺诈、胁迫的手段或者乘人之危，使对方在违背真实意思的情况下订立或者变更劳动合同的；（2）用人单位免除自己的法定责任、排除劳动者权利的；（3）违反法律、行政法规强制性规定的。上述案件中，某建筑设计公司认为匹诺曹两份简历内容不一致，是因为匹诺曹存在欺诈行为，致使其公司在错误的认识下与匹诺曹签订劳动合同。然而，对于欺诈事实的认定，《最高人民法院关于适用〈中华人民共和国民事诉讼法〉的解释》第一百零九条明确规定：当事人对欺诈、胁迫、恶意串通事实的证明，以及对口头遗嘱或者赠与事实的证明，人民法院确信该待证事实存在的可能性能够排除合理怀疑的，应当认定该事实存在。在本案中，建筑设计公司是否有充分证据能够证明匹诺曹存在欺诈，并且能让仲裁委员会相信匹诺曹欺诈的事实存在呢？显然，建筑设计公司并没有完成举证义务。建筑设计公司提交的证据仅仅是从招聘网站上打印出来的两份内容略有不同的简历。

众所周知，单位录用员工，实际上是一个双向选择的过程，单位选择员工，员工也在选择单位。单位录用满意的员工，看简历只是第一步，后续面试、试用期的过程一个都不能少。员工一旦进入了单位，工作能力才是衡量员工的标准。员工能力不突出，或者员工不适应单位的环境，都有可能在试用期阶段双方就无意再继续履行劳动关系。所以，仅凭两份简历不足以说明匹诺曹后续工作能力不突出的问题，相反，如果真的能够通过简历就看出工作能力问题，双方又怎么会长时间地履行劳动关系呢。而且，如果真的仅凭简历就导致某建筑设计公司错误录用匹诺曹，也可以说明建筑设计公司在录用员工时，并没有对员工进行翔实审查，那么建筑设计公司本身也有过失。

我们再换一个思路，建筑设计公司认为匹诺曹工作能力一般，如何衡量工作能力也是一个比较复杂的问题，建筑设计公司认为匹诺曹设计图纸不合乎客户要求，而导致客户流失，这确如匹诺曹所说，属于企业的经营风险，公司一方能确保换一个设计师客户就不会流失吗？恐怕谁也不敢打保票。所以，在本案中，匹诺曹的工作能力不宜与企业经营风险挂钩。综合上述考虑，仲裁委员会最终没有认定匹诺曹存在欺诈行为，进而驳回了建筑设计公司的仲裁请求。事后，双方均没有就该裁决向法院起诉，裁决生效。这里还有一些法律条文，是我们在后面的讲述中会涉及的，先在这里提示大家，法律条文包括《劳动合同法》第八条、第十七条，《民法总则》第七条。

知识拓展

入职诚信所包含的方面

回到本章节的问题，我们探讨的是员工在入职时要诚信的问题。一方面，我们经常能够看到这样的现象，劳动者非常青睐某一职位，但苦于学历、资历、专业等不符合该职位要求，就编造一些虚假的经历，甚至通过做假证、假章，来掩饰自己不符合职位要求的客观事实。有些单位苦于无法核实相关信息，致使陷入错误的认知，在招录员工之后才发现问题。这不仅给用人单位造成较大损失，也引发了很多矛盾纠纷。不论对于劳动者，还是用人单位，都是得不偿失的。然而另一方面，我们也看到，很多用人单位在劳动者入职时，要求劳动者提供的个人信息，超出了必要范畴，甚至侵犯到个人隐私，这也是一种违法行为。员工入职要如实说明个人情况，这不仅是用人单位的合理要求，也是员工应尽的义务，但是这个合理的边界在哪里？恐怕不同行业、不同单位，都有着不同的要求。法律对此有一条原则性的说明，《劳动合同法》第八条规定：用人单位招用劳动者时，应当如实告知劳动者工作内容、工作条件、工作地点、职业危害、安全生产状况、劳动报酬，以及劳动者要求了解的其他情况；用人单位有权了解劳动者与劳动合同直接相关的基本情况，劳动者应当如实说明。

这个法律条文规定得较为原则，我们从目前的社会实际情况出发，劳动者一方在入职时，应当如实提供的个人信息应当包括以下几种。

1. 学历、资历

目前的社会环境中，学历、资历就像一块敲门砖，一些单位在招录员工时，点名招收名校的毕业生，或者曾经在知名企业、公司任职过的人员，我们抛开这些要求是否为就业歧视不论，仅仅这一个要求，就会将很多能力突出，想做出一番事业的劳动者挡在门外，这也导致了很多人会去铤而走险，制作假的学历，编造假的经历，以期能够得到这样的职位。或许，这个人真的能力突出，进入单位后，工作踏实肯干，得到领导好评，没有人再去关心他的学历、资历问题。但是，一旦单位认为劳动者存在问题，旧事重提，查出问题，单位对劳动者的印象就会一落千丈，甚至作出解除劳动关系的决定。而在一些特定的行业，这样的结果很有可能会让劳动者甚至无法在同行业继续工作或生存。劳动者就要为当时的造假行为埋单，得不偿失。我们提倡每个人都要诚实守信，那些个人力不能及的职位，不宜强求。

前文提到的案例中，仲裁委员会并未支持某建筑设计公司的主张，考虑到匹诺曹的两份简历虽然在工作经历部分内容不完全一致，但未影响到匹诺曹在某建筑设计公司的任职。而在很多案件中，学历、资历的问题是直接导致劳资双方发生矛盾的冲突点，我们在此再举两个案例予以说明：（1）林某持伪造的A公司的公章和推荐信，入职B公司担任首席运营官，后B公司发现问题，以林某入职时提供的个人简历与事实严重不符为由解除劳动合同。双方发生纠纷后，经过仲裁及诉讼程序，最终认定林某的行为属于欺诈，劳动合同不涉及解除问题，而直接判定林某与B公司签订的合同属于无效合同。（2）唐某伪造大学本科文凭，与上海某公司签订劳动合同，后被上海某公司查明唐某的学历证书为伪造。唐某在入职时曾书面承诺：本人提供的各项材料均真实有效，如有虚假，愿被无条件解除劳动合同。上海某公司据此解除与唐某的劳动合同，双方发生纠纷。经过仲裁及诉讼程序，最终认定唐某伪造学历获取相关职位，是由于用人单位的错误认知，并且唐某的承诺真实有效，知晓伪造学历的后果，用人单位可以据此解除劳动合同。上述两个案例，一个是关于学历造假，一个是关于资历造假，不论哪种造假，最终结果都是劳动者败诉。所以，我们要提示劳动者，学历和资历既是一个人找工作时的敲门砖，又是一个人在后续工作中的基石，切不可轻视，更不能造假。

2. 专业资格

在一些专业领域，都会有国家授予的专业资格证书。需要招录这些专业人员时，用人单位都会注明，如需持有注册会计师资格证书、执业医师证书或需通过国家统一法律职业资格考试等。特定专业的限制确实也会对劳动者选择就业带来一定局限，但这不属于就业歧视问题，这是对于一些特定行业劳动者的更高的要求。而不具有相关专业资格的劳动者一般也不会去选择这些行业进行工作。专业资格的审查，在目前还是较为方便，一般可以通过发证机关来查询资格的真伪，审判领域对于伪造专业资格的劳动争议案件，并不多见。需要专业资格最为常见的行业是出租车行业，从业人员需要持有驾驶执照。虽然很少在审判过程中见到关于专业资格的案件，但是新闻媒体曾报道过一起双胞胎兄弟共用一本驾照，结果被警方识破的案例。这个案例还是可以给我们以提示。对于用人单位招录具有专业资格的人员，要做到人、证合一；对于劳动者，要诚实信用，不能伪造、变造专业资格，更不能冒名顶替。

3. 身体健康状况

健康状况对于一个人的重要性不言而喻，有些劳动者认为健康状况与工作没有直接关联，属于个人隐私而不加重视，或者在入职登记表、入职申请表等表格中随意填写。其实身体状况对于劳动者能否完成用人单位安排的工作，有着很重要的联系，而且如实陈述自己的身体状况，用人单位也会在安排工作时作出相应的对策，避免劳动者在工作中可能出现的危险。我们试想一下，如果一名从事保洁行业的劳动者恐高，他如实向保洁公司进行陈述的话，那么保洁公司就肯定不会去安排他从事楼房外立面的清洁工作（也就是我们俗称的“蜘蛛人”），保洁公司一定会安排他从事危险性不那么高的工作。如果保洁公司强令这名劳动者去做“蜘蛛人”，就属于用人单位强令冒险作业危及劳动者人身安全，法律赋予劳动者不需事先告知单位，可以立即解除劳动合同的权利。当然，我们也能理解一些劳动者的难处，就业形势严重，找工作不易，有些个人信息如果如实填写的话，找到工作的概率可能会低一些。但是，我们还是要提示所有的劳动者，找工作要根据自己的实际情况，量力而行。毕竟，自己的生命健康才是第一位的。

4. 特点专长

这点类似于学历和专业资格，但有所不同。目前，我国存在着大量的中小企业。可能只有几个人甚至十几个人，在写字楼里租一间办公室，就可以注册成立一家公司。中小企业是市场经济的重要补充，为国家解决了很大的就业压力。我们无法苛求这样大量存在的中小企业，都能够像国企、大型企业一样，公司组织机构严密，有足够的资金可以聘请专业人才。中小企业中，一人身兼数职，一专多能的情况比较普遍，经常能够碰见财务兼职人事，行政兼职法务等情况，或许这些人员并没有从事专业的资格，但是中小企业的现实状况把他们推到了这样的位置上。而在招聘过程中，中小企业对于人员的需求，也往往会有指向性，如“有财务工作经验的优先”“有法律工作经验的优先”等。招聘这样的人员，中小企业往往也具有一定的紧迫性，很有可能是前任员工离职，不能出现中间的空档。所以，劳动者在应聘这样类型的工作岗位时，也应当要充分意识到工作岗位的特点，自己是否有用人单位所需要的专长、特点，有针对性地去投递简历、应聘工作。否则，一旦入职，在短时间没有能够适应用人单位工作节奏的情况下，出现工作疏漏在所难免。

在劳动仲裁及诉讼过程中，那些入职时间很短即离职，在试用期内就被辞退的现象，大多是因劳动者的工作未能达到用人单位的要求而引起的。反过来看，我们也可以认为是劳动者对自身专长特点定位不准所导致的。在此举一简单的案例予以说明：2017 年 3 月，某科技公司与刘某签订劳动合同，约定刘某担任公司北方总监职务，虽然职位名头很响，但是实际上某科技公司就是不到 20 人规模的一家小型企业，北方总监也只是一名经常需要跑业务的业务经理。刘某在入职某科技公司之前的本职工作是一名行政人员，兼职跑业务，但是刘某自认为在业务领域有专长，所以刘某承诺在入职后两个月内要将北方地区的业务量翻倍。然而，刘某的工作并不如意，加上刘某工作风格比较简单粗暴，两个月过去后，业务量不但没有翻倍，反而导致其手下的几名员工纷纷辞职。最终，2017 年 5 月，在试用期还未完全结束的情况下，某科技公司就以刘某未达到其承诺标准，不符合录用条件为由，解除了与刘某的劳动合同。刘某未能认清自己的能力、专长和特点，最终导致了丢掉工作的后果。

以上几点，是劳动者在入职时，应当如实向用人单位提供的信息。这些信息，实际上都是与劳动者所要从事的工作内容相关的必要信息，作为劳动者，要诚实信用，不能作出虚假的表示，千万不要认为用人单位要求劳动者提供的这些信息是多余的、没用的。当然，劳动者进入一个工作单位，在这个双向选择的过程中，我们不能排除有些用人单位会提出一些与工作内容无关的情况，要求劳动者陈述，劳动者也应当擦亮双眼，仔细辨别。

如何判断一项个人信息是否与工作内容相关呢？这还是需要从法律条文的原则出发。根据《劳动合同法》第八条规定，用人单位有权向劳动者了解的情况，应当集中于与劳动合同直接相关的基本情况。劳动合同有哪些基本内容呢？《劳动合同法》第十七条中进行了规定：劳动合同应当具备以下条款：（1）用人单位的名称、住所和法定代表人或者主要负责人；（2）劳动者的姓名、住址和居民身份证或者其他有效身份证件号码；（3）劳动合同期限；（4）工作内容和工作地点；（5）工作时间和休息休假；（6）劳动报酬；（7）社会保险；（8）劳动保护、劳动条件和职业危害防护；（9）法律、法规规定应当纳入劳动合同的其他事项。劳动合同除前款规定的必备条款外，用人单位与劳动者可以约定试用期、培训、保守秘密、补充保险和福利待遇等其他事项。劳动者应当紧紧抓住这个法律条文中所规定的内容来判断用人单位提出了解劳动者的基本情况，哪些是与劳动合同直接相关。现实中，用人单位要求了解劳动者超出劳动合同直接相关的基本情况，比较常见的，包括是否婚恋，是否已育，且多见于女性劳动者。用人单位的初衷自然是想规避招录女职工之后，女职工法定所享有的各种假期无法工作的情况。但是作为劳动者，一定要心里清楚，用人单位提出这样的要求，必然属于违反法律的行为。

诚信，是社会的基石

诚实信用问题，不仅仅是道德层面的问题，也是法治层面的问题。劳动法虽然有其独特的一面，但仍然脱离不开民事法律的基本属性，《民法总则》第七条规定：民事主体从事民事活动，应当遵循诚信原则，秉持诚实，恪守承诺。可见诚实信用是整个社会公共秩序的基石。我们在此讨论员工入职时的诚信问题，一方面是劳动者要对自身情况有充分的了解，另一方面是要求劳动者在入职时面对用人单位想要了解的基本情况，要做到如实陈述。这样找到的工作，才会是最适合劳动者自身发展的工作。

案例三

预防职业陷阱

——关于入职时用人单位的各种套路

李晗[①]

凭什么收我的承包金

戴宗于2009年6月入职某出租车公司，任职出租车司机一职，双方签订为期4年的劳动合同及承包运营合同。其中承包运营合同中，规定了戴宗每月应向出租车公司缴纳的承包定额。戴宗于同月向出租车公司交纳了预收承包金2万元。随后，戴宗开始工作。2012年3月，戴宗在工作过程中发生交通事故，造成他人受伤，被交警认定负事故全部责任，后经诉讼，保险公司和出租车公司赔偿了伤者的医疗费用。2013年合同到期后，双方均表示不再续签劳动合同。由于发生事故，出租车公司认为应当从戴宗交纳的预收承包金中扣除垫付的医疗费用。戴宗对此不予认可。双方为此产生纠纷，戴宗申请劳动仲裁及诉讼，要求出租车公司返还预收的承包金2万元。

---

① 北京市西城区人民法院民七庭法官。

仲裁及诉讼的过程中，出租车公司认为预收承包金的性质就是收取戴宗的押金，所以，戴宗发生交通事故，给公司造成需要垫付医疗费的损失，理应从押金中予以扣除。戴宗确认出租车公司收取的预收承包金是押金的性质，但是戴宗认为，当初不交押金公司不给车开，没有办法才交的押金，公司是强势的一方。而且，当时发生交通事故也是在工作，并不是办理私事，所以，发生交通事故的后果，公司应当承受，不能用押金来抵扣垫付的医疗费。故不认可出租车公司的意见。双方分歧较大，只能等待法院的最终判决。

法理分析

向劳动者收押金不合法

本案仲裁裁决及法院判决结果，都是支持了戴宗的主张，判令出租车公司全额返还预收戴宗的承包金。仲裁及法院为什么会作出这样的结论呢？这源于《劳动合同法》第九条的规定：用人单位招用劳动者，不得扣押劳动者的居民身份证和其他证件，不得要求劳动者提供担保或者以其他名义向劳动者收取财物。需要特别说明的是，这个条文中所规定的用人单位不得向劳动者收取财物，是指以任何名义收取财物。出租车公司收取戴宗的2万元，开始的名义是预收承包金，后来双方又表示是押金，但是通过法律条文的规定我们可知，不论这笔钱是什么性质，什么名义，用人单位都不能向劳动者收取。

哪些套路扰人眼

从上面的案例以及所引用的法律条文，我们可以看出劳动关系的一个重要特点，就是劳动者与作为管理者的用人单位相比，处于弱势的地位。在面对强势的用人单位时，有时候劳动者不得不妥协，服从于用人单位一些不合理，甚至不合法的规定。其实劳动法本身也是在平衡这种不对等的地位，想用法律的强制性为劳动者撑腰，让劳动者在进入一家工作单位之前，能够熟练地运用法律规定，判断出单位提出的要求哪些是好，哪些是坏。尤其有助于那些初入职场、涉世未深的劳动者远离那些黑心企业精心设置的圈套。

如何来判断这些套路呢？其实，从招聘启事、录用通知书、面试过程、用人单位的一些表态中，劳动者是能够发现一些端倪的。我们就举几类情况，简单地分析一下：

1. 要求劳动者缴纳入职押金、保证金、身份证或者提供担保

前文所列举的案例就是这种情况。但其实这种情况在我们身边很多单位都是存在的，比如员工进入一家单位工作，单位要求员工留下身份证去办理宿舍入住，但是员工必须工作满一年才能拿回身份证，又或者要求员工交纳一定费用，去置办工服工牌，这个费用等员工离职再返还，等等。这些都是典型的违法行为。这种情况在劳动合同法颁布之前较为普遍，在劳动合同法实施之后，这种现象已经在逐步减少。我们可以理解用人单位的初衷，是担心员工不辞而别或是员工给单位造成损失时，无法查询到员工的下落。但是《劳动合同法》第九条的用语是非常严厉的，属于禁止性规范，不得违反。用人单位如果收取了劳动者的押金、保证金、身份证等，就好比把员工视作潜在的嫌疑人，认为员工随时可能会给单位造成伤害。

这不仅违背了法律逻辑，也不符合公平、公正的法治精神。一个正常的单位或者企业，劳动者能够入职工作，就说明已经接受了用人单位的各项规章制度约束，接受了用人单位的工作安排，如果再对员工加收各种财物的话，便是用人单位利用优势地位，侵犯劳动者合法权益的行为。所以，劳动者如果碰到提出要收取押金、保证金、身份证等各种财物或证件的用人单位，可以毫不犹豫地判断出这不是正规的单位，一定要拒绝被这样的单位录用，避免自己的人身、财产受到损失。

2. 谈到工资含混不清

工资是入职时要协商的必备项。《劳动合同法》第十七条关于劳动合同条款的规定中，也明确规定劳动合同应当具备劳动报酬条款。劳动者在找工作时，首先要对自己的工作经历、工作能力有一个合理的认识，这样才能在与单位协商工资数额时，提出合理的要求。当然，我们更多看到的情况是，用人单位会在招聘启事当中，直接将所要招聘岗位的工资数额予以明示，这样便于减少双方协商的过程，但是作为劳动者，我们仍需要弄清用人单位提出的工资数额的含义。例如，工资是税前还是税后，是否包含社保、公积金，工资由哪些项目构成。这些问题都直接关系到劳动者的切身利益。如果当劳动者提出用人单位要对这些问题进行说明，而单位又无法作出合理解释时，那么我们可以判断，这样的单位要么是想对劳动者蒙混过关，要么就是本身内部财务、人事管理比较混乱，自己也说不清楚。劳动者对于是否要入职这样的单位，必须要深思熟虑。

现实当中，还存在其他情形，如承诺劳动者的工资远高于市场价。有些单位允诺劳动者："在我们这干一两年，你能年薪上百万或者上千万。"这样的诱惑不言而喻，尤其是对刚刚毕业走进社会的新人和退休之后赋闲在家却又不甘寂寞的老人。对于年轻人而言，由于社会经验少，家庭又已经为自己上学负担了很多年的支出，走出校园当然想尽快挣钱回馈家庭。一些不良企业恰恰抓住了年轻人这样的心理，打出高薪的噱头。然而我们细想可知，对于社会经验并不丰富的年轻人而言，在劳动技能并不娴熟，工作能力也尚未得到实际检验的情况下，凭什么就会有企业愿意拿出如此高薪来聘用呢。所以说，这样的允诺十有八九就是一个骗局，也很有可能就是一家传销组织，一旦深陷其中，钱财损失可能还是小事，受到人身伤害也是有可能的，近些年来层出不穷的大学生陷入传销组织死亡案件就是例证。所以年轻人要擦亮眼睛。再说老年人，老年人按说社会经验已经非常丰富，为什么也还会被骗呢？这一点其实与本书劳动法相关问题的主题关联性不大，但是在此简单阐述，也希望读者能够引以为鉴。老人在退休后，一下子从工作状态转变到休闲状态，并不是每个人都能很快适应，所以我们常见很多老年人被原单位返聘，或者走上街头，到社区等从事一些公益工作。老年人奋斗一生总会有些积蓄用来养老、看病，这时，有些打着金融理财名义的不良企业就盯上了老人的钱袋子，他们以让老人投资为名交钱，并承诺给予老人丰厚的回报，再让一名老人去拉拢其他人再投资，并给老人灌输这就是他们退休后的工作，拉来的投资越多，还有奖金提成可以拿到手，挣更多的钱。很多老人由于退休后无事可做，这时候便很容易受到蛊惑，到最后很多这样的企业主卷款潜逃或是将钱挥霍一空，受损失的还是老人自己。我们当然希望这样的事情越少发生越好。

3. 不签劳动合同、不缴纳社会保险

劳动者在入职时，有些用人单位会说，劳动者你先干，干好了觉得能录用，咱们再签合同，再给缴社保。这话听起来没什么问题，尤其对于刚刚走向社会的毕业生来说，自己心里对工作能力没底，加上用人单位的地位比较强势，很有可能就听从了用人单位的这个说法。殊不知，用人单位如果确实做了这样的表态，那这个单位就已经违法。《劳动合同法》第十条第一款明确规定，建立劳动关系，应当订立书面劳动合同。法律给予用人单位可以不签劳动合同的宽限期只有 1 个月，即已建立劳动关系，未同时订立书面劳动合同的，应当自用工之日起 1 个月内订立书面劳动合同。所以，如果劳动者在入职前，单位表示先干活再看，或者进入一家单位，但是单位确迟迟不提签订书面劳动合同的，那这类企业一定是不正规的企业，建议不要入职或者尽早离职，避免自身权益受到更大的侵害。

劳动者入职之后，单位如果提出与劳动者签订劳动合同，劳动者也应该对合同条款仔细进行阅读，存不存在填写错误、是不是符合双方在入职时所谈的各项条件、有没有单位一方的盖章、符不符合合同形式，这些都要留心观察。更有甚者，单位拿出空白合同让劳动者签字，这时的劳动者就千万要警惕，最好不要签字，一旦签字之后，单位便有可能在空白合同上添加不公平的内容或是对员工不利的条款，这时候，员工再提出签字不是出于自己本意，就很难举证了。

同样，为员工缴纳社会保险也是用人单位必须尽到的义务。《社会保险法》第五十八条第一款规定：用人单位应当自用工之日起 30 日内为其职工向社会保险经办机构申请办理社会保险登记。请注意该法律条文的用词，是“应当”。也就是说，同签订劳动合同一样，在单位正式录用一名员工之后，签订合同和为员工办理社保都应该在 1 个月内完成，这是法律给予单位的最长期限，如果超期则违法。这里不存在单位与员工进行协商的余地。劳动者也要意识到社会保险的重要意义，即社会保险不仅仅是发生工伤、生育、退休养老的保障，很多时候更是劳动者工作的证明，在国内很多城市和地区，缴纳社会保险时间的长短还关系到是否能够享受到当地的优惠政策，比如居住证办理、子女入学、购买汽车或者房产等，没有缴纳社会保险或者缴纳时间不足，都很难享受到这些福利。所以，当劳动者入职一家单位，单位对于给劳动者缴纳社会保险问题支支吾吾，或者明确表示不给劳动者缴纳社会保险时，劳动者为了保护自身权益，也应该果断离开。

关于签订劳动合同和缴纳社会保险的问题，再举一个实际的案例：杨某从 2013 年 7 月 1 日开始到某出版社工作，当日，某出版社为杨某办理了门禁卡，杨某交纳了办理门禁卡的费用。2013 年 8 月 1 日，杨某与某出版社签订为期 1 年的劳动合同，约定试用期 1 个月。同月开始，某出版社开始为杨某缴纳社会保险。后因种种原因，双方发生纠纷。其中一个焦点问题，就是杨某何时入职。杨某自然认为是从 2013 年 7 月 1 日开始入职，但是某出版社不认可，称杨某 2013 年 7 月 1 日以外聘编辑身份工作，不属于出版社正式人员，出版社只向其支付当月劳务费用，双方未形成劳动关系，所以也没有义务为杨某缴纳 2013 年 7 月的社会保险。根据法律规定，法院当然不会采信出版社的说法，而是认可双方劳动关系于 2013 年 7 月 1 日建立。结合这个案例，我们还有一点需要在此提示劳动者，那就是关于试用期的约定。《劳动合同法》第十九条中关于试用期期限的规定是非常明确的，但是怎样理解同一用人单位与同一劳动者只能约定一次试用期呢？那就是劳动者进入一家用人单位后，只可能在符合法律规定的试用期期限内约定一次试用期，一旦约定，必须明确，不能延长，不能重复约定。所以，如果用人单位向劳动者提出，先约定 1 个月试用期工作试试看，干得好转正，干不好再给 1 个月的试用期，或者说在第一次劳动合同期满后，续签劳动合同时，用人单位提出还要约定试用期。这些情形，都是不符合法律规定的，作为劳动者要敢于对用人单位的违法行为说不。

4. 提倡要 24 小时无偿为企业奉献

员工常常听到这样一个笑话：老板说公司要让每一名员工感受到家的温暖，可要真的吃住在公司里面，老板反而会生气地说，你还真当公司是你家啊。听到这样的段子，我们也许会一笑而过。但是现实中，这样的情形恐怕不在少数。

劳动关系实质是一种民事合同关系，但与买卖合同、借款合同等其他类型合同最大的不同点，就在于劳动关系的双方存在人身隶属关系，即劳动者要接受用人单位的管理和安排工作。我们不能想象出在买卖双方或者借款双方存在这样的隶属性。然而，建立劳动关系也是双向自愿选择的过程，劳动者选择一家单位工作，一家单位决定录用一名劳动者，如果双方不能达成合意，劳动者也不会进入这家单位工作，在这个过程中，其实仍然还是遵循着民事活动中的遵循平等、自愿的原则。双方确立劳动关系、签订劳动合同之后，劳动者付出劳动，用人单位以工资报酬的形式支付对价，劳动合同仍然是法学理论中所说的双务合同。劳动关系的双方在各自实现自己的权利、履行自己的义务之后，为什么还会出现在冷冰冰的权利义务约定之外，老板要着重强调企业要具有人情味，要有家一般的温暖呢，换句话说，就像我们现在很多企业所提倡的那样，要建立像样的企业文化呢？因为像工作单位这样的组织，在每个人生活中的地位太特殊了。员工指望工作拿到满意的薪水来养家糊口，老板指望着每个员工能够努力工作，创造最大的价值来实现财富的增值，不管是老板还是员工，按每天工作 8 小时计算，再加上上、下班路途上的时间，我们可以说，除了睡觉之外，大部分的时间都是与工作相关。而企业和员工就是一枚硬币的正反两面，相互矛盾却又相辅相成。

从劳动者的角度来说，一个好的企业，首先是能够给予劳动者自身足够大的发展空间，并且能够用先进的制度来激励员工工作的热情，不论这种激励机制来源于物质上的或是精神上的。一个只要求员工奉献，忽视员工权益的企业，必然是无法长久的，也是留不住人的。我们以加班举例，当劳动者入职一家用人单位，单位一方面告诉你我们工作是多么辛劳，另一方面又跟你大谈奉献精神，倡导无偿加班且没有加班费的时候，劳动者就应该对这样的单位保持清醒的认知。没有加班费，那么单位实行的是什么样的工时制度，有没有安排调休的制度，如何保证员工休息的权利，这些问题就需要我们的劳动者来反问用人单位。切记，违背劳动者意愿强行安排劳动者加班的行为，属于强迫劳动，这是劳动用工的一大禁忌。

5. 非法用工和不提供劳动保护

劳动者在进入工作单位工作时，要考虑这家单位是不是具备劳动法上用工主体资格。《劳动合同法》第二条规定：中华人民共和国境内的企业、个体经济组织、民办非企业单位等组织（以下称用人单位）与劳动者建立劳动关系，订立、履行、变更、解除或者终止劳动合同，适用本法。国家机关、事业单位、社会团体和与其建立劳动关系的劳动者，订立、履行、变更、解除或者终止劳动合同，依照本法执行。这个法律条文限定了哪些组织可以构成合法的用工主体。现实中，劳动者往往最为忽视这一点。

如果劳动者进入一家大的单位，比如中石油、中石化这样的国企、央企，可能都不会去考虑对方是不是合法的用工主体。所以，非法用工的问题，大多是出现在一些中小企业或者偏远地区。中小企业，尤其是那些被吊销营业执照，被撤销登记、备案的单位再去招录劳动者，就构成了非法用工；甚至于有些打着某某企业旗号，实际是无照经营，无登记、无备案的单位来招录员工，无疑属于严重违法。偏远地区，由于信息、交通不发达，一些劳动者无法判断或者核实企业的营业信息，也容易引发非法用工的问题，这在前些年国家整治小砖窑、煤窑的过程中，都是曾经出现过的。非法用工，伴随着的现象就是不提供任何劳动保护。可以想象，非法用工的那些所谓的企业主，他们的目的除了挣黑心钱，除了强迫劳动者劳动、限制劳动者的人身自由之外，能为劳动者提供什么样的保护措施呢。

所以，作为劳动者，我们自己的身体健康是要放在首位的，在应聘、参加工作之前，最好可以多方面、多渠道了解一下工作单位的基本信息和情况，避免被企业的一面之词打动，没有合法的资质、没有安全环境的企业，是无法保障劳动者的身心健康的。

保护自己要懂法

在这里我们仅仅列举了几种较为常见的陷阱，大千世界远比书本上得来的知识精彩。现实中，那些明显的、隐蔽的套路也不是我们能够通过简短的篇幅所能全面列举的。所以，我们在此提示劳动者，在选择用人单位时，一定要擦亮眼睛，透过用人单位告诉你的点滴信息，来判断这是否是一家正规的企业。当然，进行这些判断的前提，还是要知道与劳动者权益息息相关的法律规定。《劳动法》《劳动合同法》这两部在目前我国劳动领域提纲挈领的重要法律，构成了劳动关系中劳动者与用人单位权利义务的基石。作为劳动者，了解法律赋予劳动者享有的权利，才能在工作中立于不败之地。

案例四

会签会看劳动合同

——从“雾里看花”到“拨云见雾”

李曦[①]

从法律上来说，劳动合同是用人单位与劳动者确立劳动关系，明确双方权利义务的协议，是劳动者与用人单位依据法律规定建立劳动关系的书面法律凭证。

初入职场时，劳动者所要面临的第一个问题就是劳动合同问题，包括是不是需要签订劳动合同，如果签劳动合同该如何签、何时签，以及面对繁多的劳动合同条款，到底该怎么看得懂。

笔者将劳动者和用人单位之间的关系与婚姻关系相比较，以使读者达到比较直观的印象，比如说求职的过程类似于茫茫人海寻觅知音的过程，得到录取通知相当于开始初步了解谈恋爱，入职相当于双方组建婚姻的开端，而劳动合同相当于结婚证或者说是当今年轻人崇尚的婚前协议，给双方关系加上一把保险锁。通过书面形式对双方的权利义务在对方能接受的法律允许的框架内进行约束，以达到共赢的目的。这份劳动合同到底有多重要呢，来看下面的案例。

---

① 北京市西城区人民法院民七庭法官。

案情回顾

王老三是个直爽的陕北汉子，40岁有余，做得一手好饭菜，于2010年10月来京，王老三在报纸上看到有个名气挺大的建筑公司招厨师，赶紧去应聘，后顺利被录用，被公司安排在西城区某建筑工地做饭，每月工资5000元。就这样，老王以工地为家，起早贪黑买菜做饭，勤勤恳恳地工作了近3年，眼看工程快结束了，老王心想着是不是可以升任个厨师长，却意外接到电话，被通知卷铺盖走人。直至此时老王才发现3年中其社保没有缴纳，加班费未支付，甚至公司还拖欠了他两个月的工资，找到公司其也不认账。就这样，不惑之年的老王也开始走上了维权之路，先仲裁后至法院，但均遭遇败诉，这让老王非常郁闷也极其愤怒。究其原因，无论是仲裁还是诉讼，劳动者首先会被问到的问题就是你的劳动关系是与谁建立的，这是劳动争议案件审理的基础问题。同样的问题抛给老王之后，老王坚称就是该建筑公司的人，但是除了老王的坚称之外再没有任何证据，在法庭上该建筑公司否认与老王存在劳动关系，甚至表示不认识老王这个人，其提交的员工花名册中也没有老王的名字。转而再问老王，有没有工作时的工牌、照片？没有。知不知道发放工资的会计名字、管理其本人的领导名字？不知道。有没有保留任何购买食材的记录？没有。甚至当问到工地上有没有挂牌时，老王的回答都让所有人吃了一惊，他说该工地上当时有大小四五家公司的施工队都在工作，都在他这吃饭，这几个施工队都属于不同的公司，老王一时不清楚自己到底在为谁工作。而随着工地的拆除，老王工作的印记也随之消灭了。直至到了法院，老王也在问法官我到底是为谁工作？尽管我们很同情老王，很想帮助他，但巧妇难为无米之炊，爱莫能助。

通过老王的疑问，我想入职时需不需要签订劳动合同，大家心里肯定已经有了明确的答案，如果上述案件中老王与单位签有规范的劳动合同，哪怕只是一份协议将用工关系明确的话，那么，不惑之年的老王就不会困惑。劳动合同就是劳动者工作的“护身符”和“保险锁”，劳动者的工作岗位、工资报酬、社会保险、规章制度等都在劳动合同中有明确的规定，在双方发生争议后这是重要的证据材料。

法理分析

（一）劳动合同就是“护身符”

劳动合同要采取书面形式签订，以书面形式明确双方的权利义务，便于劳动合同的有效履行，做到有据可查，便于解决争议。作为“护身符”的劳动合同，重要性体现在哪些方面呢？（1）强化用人单位和劳动者的守法意识。以劳动合同的形式明确双方的权利义务，双方之间有了一个具有法律约束力的协议。用人单位依此管理职工，行使权利履行义务，职工也根据劳动合同的约定保护自身的权益、履行相应的义务。（2）有效维护双方的合法权益，维护劳动关系的稳定性和求职的灵活性，劳动合同赋予双方一定的期限，在期限内双方都不得随意解除劳动合同，期满后双方可再次协商，做到了稳定性和灵活性的结合。（3）有利于及时处理和解决劳动争议，维护劳动者的合法权益。

（二）拿好用好“护身符”

拿好“护身符”是说劳动者入职后，一定要及时同用人单位签订书面劳动合同，同时劳动者手上应留有一份劳动合同。但是实践中许多用人单位拒绝给劳动者提供劳动合同，对此，劳动者在签署劳动合同时应当拍照存留并积极向劳动监察部门反映。用好“护身符”包含两层意思：既包括要求用人单位按照劳动合同的约定按时支付劳动报酬、缴纳社会保险、安排工作时间等，也包括劳动者要按照劳动合同的规定遵守用人单位各项规章制度。如果劳动者对个别条款与用人单位存在争议或双方另有附加条款可在劳动合同中进行特别注明并签字确认，让双方的约定都白纸黑字写清楚。

（三）遭遇拒签劳动合同

实践中，部分用人单位不愿意与职工签订劳动合同，说到底是为了降低用工成本，一旦发生纠纷，劳动者就会像案例中的老王一样晕头转向，不知道自己在为谁工作。法律规定，用人单位自用工之日起就与劳动者建立劳动关系，建立劳动关系，就应当签订劳动合同。同时，法律的“温度”再次得到体现，就是给予用人单位1个月的宽限期，要求用人单位在劳动者入职1个月内与劳动者签订劳动合同，这是用人单位的义务。若用人单位自用工之日起超过1个月未与劳动者签订劳动合同的，劳动者可以要求用人单位支付未签订劳动合同2倍工资差额，但是最长不得超过11个月。另外，自用工之日起满1年不与劳动者签订劳动合同的，视为双方已订立无固定期限劳动合同。

举例来进行说明：接老王的案例，假使我们认定老王与某建筑公司存在劳动关系，2010年10月5日王老三入职，该建筑公司应在2010年11月4日之前与老王签订劳动合同，如果没有签，那么应按照老王5000元的工资标准支付未签订劳动合同双倍工资差额直至签订劳动合同时止，最多老王可得到2010年11月5日至2011年10月4日期间11个月的未签劳动合同双倍工资差额55000元，而从2011年10月5日起如果用人单位还未与老王签订劳动合同，则视为双方已经签订了无固定期限劳动合同。在这里要特别说明的是未签劳动合同双倍工资差额的基数一般应以相对应月份正常工作时间内的应得工资为计算基数，但双倍工资毕竟只是对用人单位不依法签订书面劳动合同的惩罚，性质上不同于劳动者的劳动报酬，无须倾斜性保护。

因此，在审判实践中，为便于统一执法尺度，一般将双方协商确定且较为固定的工资数额理解为“应得工资”，不固定的提成收入、用人单位根据业绩表现随机发放的奖金以及双方当事人存在争议的加班费不计算在基数之内。就这个问题继续延伸，如果王老三是公司高管人员或人事管理部门负责人，他去主张未签劳动合同双倍工资差额该不该支持呢？答案是肯定的，现行劳动法律法规并未将高管人员排除在适用范围之外，用人单位也应与高管人员签订书面劳动合同，否则应依法支付双倍工资；但高管人员属于上级单位委任或政府主管部门任命的除外。同样地，用人单位亦应依法与人事管理部门负责人签订书面劳动合同，人事管理部门负责人亦有权索要未签劳动合同双倍工资差额，除非用人单位有证据证明人事管理部门负责人存在恶意隐匿劳动合同文本行为。

知识拓展

（一）雾里看花看合同

1. 形式

劳动合同应采取书面形式，并经用人单位与劳动者在劳动合同文本上签字或者盖章生效。劳动合同为一式两份，劳动者一份、用人单位一份。劳动合同要有相应的合同条款，要填写日期，劳动合同的日期涉及劳动者享受权利和履行义务的期间，还涉及日后有可能发生的诉讼时效。同时，在签订劳动合同时，要注意看自己手中持有的和用人单位是不是同一份合同。有的企业在条款内容上做了一些对自己有利的修改，还有一些企业准备了几份不同的合同，一份为了应付外部的检查，一份是约束劳动者并实际执行的劳动合同，这就要求劳动者要擦亮双眼看清楚。

2. 签订时间

建立劳动关系，应当订立书面劳动合同。已建立劳动关系，未同时订立书面劳动合同的，应当自用工之日起 1 个月内订立书面劳动合同。

3. 劳动合同的必备条款

（1）用人单位的名称、住所和法定代表人或者主要负责人。形象地说就是劳动者首先得知道自己“嫁”给了谁，这个人姓甚名谁，家住何处，可以说这是最基本也是最初级的要求。

（2）劳动者的姓名、住址和居民身份证或者其他有效身份证件号码。这是用人单位对劳动者“验明正身”的过程。实践中，我们确实遇到过入职时隐瞒身份，借用他人身份证或虚假身份入职的情况，该行为不仅与诚信原则背离，也将直接导致双方劳动合同无效；如果在工作中发生工伤，以假身份入职，工伤保险基金将拒付工伤保险待遇，使得自身权益受损。而说到劳动合同中的住址填写，要提醒劳动者的是地址填写的意义并不是做人口普查也不是凭空编造，而是在于用人单位在无法直接通知到劳动者本人的情况下会以邮寄的形式向该地址寄发重要的文件，与此对应的是劳动合同中往往会有专门的条款或者在末尾注明劳动者书写的地址将作为用人单位寄发相关通知的地址，在双方因为旷工、解除发生争议后，填写的该地址就有了非常重要的意义。比如，老王在请年假回老家后再也没回公司上班，而公司又无法与老王取得电话联系，此时，公司会选择向老王填写的地址寄发到岗通知，我们认为向该地址寄发通知就代表用人单位履行的通知义务，所以，我们希望大家填写真实有效的通信地址。

（3）劳动合同期限。这个主要解决的是“卖身契”时间长短的问题。劳动合同的期限分为有固定期限、无固定期限和以完成一定的工作为期限的劳动合同。有固定期限的劳动合同，其期限可长可短，长到几年、十几年，短到一年或者几个月。无固定期限劳动合同，是指劳动合同中只约定了起始日期，没有约定具体终止日期的劳动合同。无固定期限劳动合同可以依法约定终止劳动合同条件，在履行中只要不出现约定的终止条件或法律规定的解除条件，一般不能解除或终止，劳动关系可以一直存续到劳动者退休为止。以完成一定工作为期限的劳动合同，是指劳动者与用人单位订立的以完成某项工作或者某项工程为有效期限的劳动合同，该项工作或者工程一经完成，劳动合同即终止。这个大多出现在建筑、设计等特殊领域。

（4）工作内容和工作地点。这个之所以要明确约定，就是要避免用人单位随意调整岗位和调整工作地点。用人单位安排你在哪个市、哪个区工作，应在劳动合同中明确写明，有的用人单位在劳动合同中约定工作地点为全国，说小点是为了方便调整工作地点，说大了实际是为了迫使劳动者离职的一种手段，但是需要说明的是从事销售等特殊行业除外。同理，工作岗位也要明确注明，不要写类似“从事销售工作”或“从事服务岗位”等，以防单位任意调整工作岗位。

（5）工作时间和休息休假。这个问题相对复杂，不同的岗位可能工作时间并不完全相同，关于各种工时制在后面的章节将会仔细讲到，在这里所提醒大家的是看看自己的岗位实行的是何种工时制，每日每周的工作时间，是不是有定期加班，是不是有双休或者倒休等情况。

（6）劳动报酬。对于劳动合同中所有条款来说，其实，大家最关心的莫过于“钱”的问题，而且劳动争议百分之九十以上的争议都是因为劳动报酬而产生。工资包括基本工资、绩效工资、奖金、补贴、加班工资等，看起来眼花缭乱，而用人单位也是见招拆招，为了降低用工成本，做法也是五花八门。谈报酬说工资，首先要明确工资是税前工资还是税后工资。税前工资是包含了劳动者依法应当承担的个人所得税，劳动者实际拿到的工资是税前工资减去个人所得税和“四险一金”所剩下的金额。如果企业承诺支付的是税后工资，一定要用人单位在合同中予以明确，否则发生争议时将被认定为税前工资。其次，还要注意以下几个方面的问题，有的劳动合同中关于劳动报酬或支付时间的约定为空白，如果以银行转账形式支付工资那还有据可查，如果以现金形式支付工资因工资标准发生争议劳动者将会百口莫辩；有的劳动合同中约定工资标准为不低于北京市最低工资，实发数额高于该标准，虽然对实发数额予以采信，但是给用人单位随意拆分、编制工资表提供了空间。举例说明，比如王老三这次升职了，任经理，入职谈好了工资 14000 元，老王满心欢喜，但在签订劳动劳动合同时工资被拆分为多个列项，其中包括基本工资 7997.70 元、绩效工资 3427.59 元、周六加班工资 2574.71 元（每月两天，按国家法定双倍工资计算）。绩效工资意味着与工作内容和效果挂钩，该部分能不能全额拿到需要打问号，用人单位在这部分掌握着主动权，而从工资中再拆出一部分作为加班费则劳动者不仅拿不到加班工资，实际上也变相降低了正常劳动的应得工资。所以，要求劳动者在签订劳动合同时将自己之前与用人单位协商的固定工资部分要如实全部填写，对于绩效及其他浮动部分如提成等则双方应就该部分的数额、计算方式进行进一步的细化约定。

（7）社会保险，这个非常好理解也很直观。就是按照法律规定由用人单位依法为劳动者缴纳社会保险。

（8）劳动保护、劳动条件和职业危害防护。强调职业危害防护条款，则要求用人单位必须将工作过程中可能产生的职业病危害、防护措施等在劳动合同中写明，不得隐瞒或欺骗。这更倾向于保护劳动者的合法利益，让劳动者结合实际的情况和自身的身体情况进行客观的选择。对于企业而言，有职业危害的工作在劳动合同必备条款中要告知劳动者，而告知的方法和对危害的严重性的估测可以根据实际情况做适当的调整。

（9）法律、法规规定应当纳入劳动合同的其他事项。劳动合同除前款规定的必备条款外，用人单位与劳动者可以约定试用期、培训、保守秘密、补充保险和福利待遇等其他事项。

（二）跳出无效合同的陷阱

1. 法律规定欺诈、胁迫、乘人之危，使得对方在违背真实意思的情况下签订的劳动合同无效。常见的多是劳动者隐瞒了自己的基本信息尤其是身份、学历等信息，导致用人单位陷入对其能力的错误认识而导致劳动合同无效。

2. 用人单位免除自己法定责任、排除劳动者权利的。例如，工地打工要求劳动者签署的生死状，出现事故责任由劳动者自负的做法。再如，企业规定女职工在入职几年之内不得结婚生育的做法均在法律上无效，劳动者也有权拒绝。

3. 违反法律、行政法规强制性规定的。例如，双方约定用人单位无须为劳动者缴纳社会保险，每月给付保险补贴的做法。对于社保问题要有长远的考虑，工作时间越长，这个问题就越凸显重要性，不仅涉及养老的问题；也涉及切身实际利益，一旦发生工伤意外等，最快速的解决方式是先通过劳动者购买的社会保险，快速选择走工伤保险补助的绿色通道救死扶伤。

普法提示

（一）向空白合同说“不”

空白合同是指在签订劳动合同时法律规定的必备内容不事先填写，只是让劳动者在姓名处签名，与此伴随着的就是也不将劳动合同交付劳动者。

纠纷发生后，用人单位想怎么填就怎么填，怎么有利于企业就怎么填，而劳动者很难举证证明对劳动合同内容不知道或不认可。

（二）诚实守信不代签

司法实践中，对于劳动者本人能够签订劳动合同但拒绝签订，或者故意找他人代签，事后又反悔的，由于用人单位不存在恶意拒签的情形，对劳动者主张用人单位支付未签劳动合同双倍工资差额的请求不予支持。

（三）不交押金不押证

现在还有少数用人单位要求劳动者把自己的一些证件、财产抵押或者交纳保证金之后才能上班。当用人单位随意辞退劳动者时，就以种种理由不退还押金和抵押财物。《劳动合同法》第九条规定：用人单位招用劳动者，不得扣押劳动者的居民身份证和其他证件，不得要求劳动者提供担保或者以其他名义向劳动者收取财物。

（四）规章制度看仔细

规章制度是指用人单位内部执行的更为细化的约定，包括岗位职责、工作内容、劳动纪律等，是劳动者在劳动过程中必须遵循的行为规范及准则，尤其是在一些特殊行业比如医院、加油站、学校等岗位还会对岗位有特殊的要求，如在加油站工作人员会格外注明“不得在工作期间携带香烟、打火机等易燃物品”。这些行业及行为规范用人单位多规定在劳动合同中或者作为劳动合同的附件进行列明，很多用人单位会将“严重违反规章制度”作为解除劳动合同的依据。而用人单位会要求劳动者本人书写诸如“上述规章制度已知晓”的声明，这就要求劳动者不得盲目签字，签订《劳动合同》以及相关附件时，应当认真阅读，知晓内容后再签字，一定要了解该制度的具体内容和行为后果，应对其纪律要求有清晰、明确的认识。

（五）劳动关系证据主动收

如果与用人单位发生纠纷，无论是欠薪、未缴社会保险等，无论是向劳动监察部门举报还是提起仲裁抑或诉至法院后，都首先要求劳动者提交与用人单位存在劳动关系的证据。劳动者在职期间可以及时采集、着重保存以下几个方面的证据：社会保险缴费记录；工资发放记录如盖章的工资条、银行交易记录；工作证、服务证或入职时的登记表、报名表；工作记录如考勤表、出差的相关证据等。

案例五

试用期

——试用期如何安全着陆

李曦[①]

说到试用期大家脑海中可能会立刻蹦出几个词如“实习期”“见习期”等，但试用期不同于实习期和见习期。实习期是在校学生通过参加实际工作，提高自身素质和能力的过程，是学校教育的一部分，此时大家的身份还是学生；见习期则是毕业生就业后确定为正式职工前被安排到基层见习的期限，是一个熟悉业务、试行工作的过程。

试用期则是劳动合同期限的一部分，是用人单位与劳动者劳动关系还处于非正式状态，彼此适应、彼此考量的一个过程。在此过程中，劳动者对用人单位的用工标准、工作环境、人际关系、经营理念和企业文化进行考虑和适应，而用人单位在此过程中也对劳动者自身的工作能力、身体状况、适应能力、道德品质进行考核和观察，特别类似于年轻人经常提到的一个词“试婚”，彼此互相适应、观察，以期建立和谐的基础。

说到试用期，大家肯定会问，“试婚”到底要试多久呢？法律给出了非常明确的答案：试用期是劳动合同的组成部分，包含在劳动合同期限内，试用期的长短取决于劳动合同期限的长短。劳动合同期限 3 个月以上不满 1 年的，试用期不得超过 1 个月；劳动合同期限 1 年以上不满 3 年的，试

① 北京市西城区人民法院民七庭法官。

用期不得超过2个月；3年以上固定期限和无固定期限的劳动合同，试用期不得超过6个月。

在期限明确的情况下，先提两个问题：一是用人单位与同一劳动者是否可以多次或者延长试用期，比如3年期的劳动合同约定试用期为3个月，但是因试用不满意，双方协商再延长2个月的试用期？二是转岗是否可以再次约定试用期？比如，伐木公司约定光头强先生任总经理助理的试用期为3个月，试用期满后以光头强不能胜任该职位为由将其调整至伐木工岗位并重新计算试用期？上述两个问题的答案都是否定的，因为法律明确规定同一单位跟同一劳动者，只能约定一次试用期。

接下来说试用期的工资问题，试用期工资标准如何确定呢？劳动者在试用期的工资不得低于本单位同岗位最低档工资或者劳动合同约定工资的百分之八十，并重申试用期工资不得低于用人单位所在地的最低工资标准。这是个双重标准，必须同时具备。

以上是关于试用期最基础的一些法律问题，但是既然讲试用期的安全着陆、平稳过渡，主要是想讲试用期的解除问题，这是个非常敏感而且复杂的问题，在诉讼中占很大比例。之所以试用期解除引发的诉讼很多，从理念上来说，劳资双方对该问题缺乏充分的认识，存在误解。很多用人单位普遍认为既然是试用期，只要不满意自然可以让劳动者走，同样，劳动者对用人单位不满意也可以随时“炒鱿鱼”，矛盾一触即发，举例说明。

案情回顾

光头强先生于2015年12月21日入职某伐木公司，入职邮件中载明光头强入职部门为产品部，担任产品经理职务，试用期薪资待遇为25000

元 / 月（税前），试用期为 3 个月。试用期的约定为试用期间由用人部门及人事行政部在员工入职 1 个月时，对试用员工进行面谈了解，并填写《员工试用期面谈表》。试用期间由用人部门进行考核，试用人员如因品行不良，工作欠佳或无故旷工者，可随时停止试用，解除劳动关系。试用期结束后，由用人部门填写《试用期满考核表》《转正审批表》，经人事行政部审核合格报总经理批示后转为正式员工，并以书面形式与员工确认。

2015 年 12 月 28 日，公司举行新入职人员述职会，通过新入职人员制作的一次产品规划（PPT 形式）来对他们试用期工作的表现进行考核。次日，光头强先生被告知其述职报告以及在述职报告会上的表现，缺乏公司对于产品经理要求的基本素质，思路明显落后，且没有产品管理规划经验与思维，能力明显与公司发展不匹配，与岗位不匹配。人事部门通知光头强先生离职。后光头强先生申请仲裁并诉至法院，该伐木公司被认定为违法解除，支付了光头强先生违法解除劳动合同赔偿金。

法院经审理认为，公司以试用期工作不合格，不符合录用条件为由通知个人解除劳动关系。个人是否胜任，首要的是用人单位和个人对于胜任有相同的认识，也就是需要有相互认可的衡量标准，这就需要双方事先约定，即用人单位应明确岗位职责、考核制度、考核方式、考核内容，同时用人单位必须履行告知义务，让个人知晓上述内容。考核也应该有完善的考核机制，要明确、客观、公正。用人单位提交的证据系基于个人一次述职报告的单方评价，不能仅凭此判断个人职位的匹配度，更不足以证明个人试用期不符合录用条件。实际上，试用期间劳动者存在着心理适应、工作环境适应等各种问题，用人单位也应该通过多种形式来对劳动者的思想品德、劳动态度、实际工作能力等进一步考察，在没有明确考核体系标准、考核内容形式的情况下直接以试用期不符合录用条件为由通知原告解除劳动关系，系违法解除，鉴于个人不要求恢复劳动关系，用人单位应支付个人违法解除劳动关系经济赔偿金。

法理分析

试用期解除，分为用人单位解除和劳动者解除两种情况，在试用期内经过双方的了解和考查，认知了彼此，双方都在考虑是否进入“正式期”。而根据法律规定，用人单位不能简单地说一句“员工不适合公司的岗位需要，解除双方的劳动合同”。用人单位在试用期解除劳动合同的，应当向劳动者说明理由，证明其不符合录用条件。毕竟试用期的工资较低，此举也是为了避免用人单位廉价使用劳动力，避免滥用试用期对劳动者本人尤其是初入职场的人产生心理冲击，保护劳动关系的稳定性，所以法律对用人单位试用期解除进行了一定程度的约束。

法律规定用人单位在试用期解除劳动合同应证明劳动者不符合录用条件。《劳动合同法》规定试用期内用人单位可解除劳动合同仅限于劳动者有下列情形之一：（1）在试用期间被证明不符合录用条件的；（2）严重违反用人单位的规章制度的；（3）严重失职，营私舞弊，给用人单位造成重大损害的；（4）劳动者同时与其他用人单位建立劳动关系，对完成本单位的工作任务造成严重影响，或者经用人单位提出，拒不改正的；（5）因本法第二十六条第一款第一项规定的情形致使劳动合同无效的；（6）被依法追究刑事责任的；（7）劳动者患病或者非因工负伤，在规定的医疗期满后不能从事原工作，也不能从事由用人单位另行安排的工作的；（8）劳动者不能胜任工作，经过培训或者调整工作岗位，仍不能胜任工作的。除上述情形外，用人单位不得在试用期内解除劳动合同。上述大部分情形都非常直观非常好理解，实践中发生争议最多的是用人单位经常引用劳动者试用期不符合录用条件，因为其他项的规定非常明确，而不符合录用条件这项对用人单位来说有可操作空间，是个“福利”，但是这项“福利”显然不那么好得，它增加了用人单位的举证责任。如果用人单位没有证据证明劳动者在试用期间不符合录用条件，用人单位就不能解除劳动合同，否则，需承担因违法解除劳动合同所带来的一切法律后果。这就必然要求解除理由必须合法、合理、有理有据，否则将导致用人单位在劳动争议中败诉。那么，用人单位以劳动者试用期不符合录用条件为由解除劳动合同的，该如何处理呢？具体要求如下：

第一，需要有相互认可的衡量标准，用人单位在录用劳动者时应当向劳动者明确告知录用条件。用人单位必须制定和细化岗位说明书，记录劳动者的工作过程和业绩，要有直观的、客观的、量化的考核和考评机制，以此作为抗辩的理由。

第二，用人单位证明已向劳动者明确告知录用条件，并且提供证据证明劳动者在试用期间确实存在不符合录用条件的情形。常见的劳动者不符合录用条件的情况主要有以下情形：（1）劳动者违反诚实信用原则，对影响劳动合同履行的自身基本情况有隐瞒或虚构事实的，包括提供虚假学历证书、假身份证、假护照等个人重要证件；对履历、知识、技能、业绩、健康等个人情况说明与事实有重大出入的；（2）在试用期间存在工作失误的，对工作失误的认定以劳动法相关规定、用人单位规章制度以及双方合同约定内容为判断标准；（3）双方约定属于用人单位考核劳动者试用期不符合录用条件的其他情况。就劳动者是否符合录用条件的认定，在试用期的认定标准，可适当低于转正后的认定标准。可适当低于转正后的认定标准如何理解和掌握呢？比如，光头强应聘公司的会计，在试用期内存在工作失误，做账时频频出现问题，但是被主管发现并及时纠正，没有造成严重的后果，对于转正之后的员工此种情况有可能被罚款警告，但是该行为在试用期内发生很有可能被认定为不合格，用人单位完全可以以此为由直接在试用期解除该劳动者。

第三，也是很重要的一点，就是度的把握问题，也就是用人单位的做法也要符合常理的做法和判断。比如上述案件中，PPT 制作到底合不合格，各执一词无法取得一致，但是，我们要考虑的是试用期期间劳动者存在着心理适应、工作环境适应等各种问题，用人单位也应该多一些耐心，通过多种形式多角度来判断劳动者的实际工作能力，伐木公司完全可以通知光头强先生通过完善方案，再次评估等方式进一步进行观察，仅以一次 PPT 不符合要求即通知试用期解除还是有违合理性要求的。

上述案例我们讲解了试用期对于解除劳动关系的限制，有的劳动者可能认为只是限制了用人单位而给了劳动者非常宽松的选择，劳动者在试用期，只要不合心意随时高傲地炒单位的“鱿鱼”，果真如此吗？再来看下面的案例：

2015 年 9 月 24 日，某影视公司通知莺莺于 2015 年 10 月 8 日上班，岗位为人事经理，试用期工资为 16000 元的 80%。双方签订的劳动合同期限为 3 年，试用期为 3 个月。2015 年 10 月 9 日，莺莺入职，公司开始记录考勤；10 月 13 日，莺莺请病假 1 天；10 月 21 日，莺莺请病假 1 天；10 月 26 日，莺莺请病假 1 天；11 月 4 日，莺莺请病假 1 天；11 月 6 日至 11 月 16 日，莺莺继续请病假调理休息两周；11 月 16 日该公司向莺莺下达不予录用通知书，称根据公司对其个人的综合评估，公司决定不予录用。莺莺认为公司违法解除劳动合同，申请仲裁要求恢复劳动关系。但是无论是仲裁还是法院诉讼均未支持莺莺的请求，认定用人单位解除合法。大家肯定会问莺莺在试用期休病假何过之有呢？从上述案件中可以看到，在试用期初始莺莺就开始频繁地请假，一个月当中仅正常出勤 4 天，当然有病需治无可厚非，但是会让用人单位产生怀疑，一是该员工的身体素质差，无法胜任工作；二是根据日常经验法则判断，莺莺在公司担任人事经理的岗位，其不能坚持上班的情况下，势必影响到公司的日常经营活动的正常开展。劳动者是否具备向用人单位提供正常劳动的能力，是双方能否履行劳动关系的基本前提，也是用人单位决定是否录用该劳动者的条件之一，即在试用期内劳动者被证明不具备该项能力的，用人单位有权作出解除的处理决定。

同时，《劳动合同法》第三十七条规定，劳动者在试用期内提前 3 日通知用人单位，可以解除劳动合同。但是如果在试用期内未履行提前 3 天书面告知义务就自行离职，给用人单位造成损失的，用人单位还可以要求劳动者赔偿。一般情况下，若劳动者未提前告知即离职，并给用人单位造成直接经济损失的，劳动者应在该损失范围内承担赔偿责任。在具体案件中，会充分考虑劳动者的工作性质和具体工作内容，若劳动者因之前的工作任务而负有在特定情形下必要的继续履行、合理交接、善良管理等义务，而劳动者恶意不履行、不交接或放任损失扩大的，应根据劳动者的过错程度判令其承担赔偿责任。对于具体损失范围，需遵循“谁主张，谁举证”原则。

从上面两个案例来看，试用期这个“试婚”过程法律给予了明确的规定，给予了双方一定的自由选择权，却也为自由选择进行了一定的限制，无论是用人单位还是劳动者都需要在考量对方的同时，规范自身行为。

知识拓展

（一）只有试用期的合同

试用期自劳动合同实际履行之日起计算，包含在劳动合同期限内。如果劳动合同只约定试用期的，试用期不成立，该期限直接认定为劳动合同期限。也就是说如果约定试用期，只能在劳动合同中进行约定，劳动合同是试用期存在的前提条件，不允许只签订试用期合同而不签订劳动合同。

（二）过了试用期还能反悔吗

解除劳动合同决定应当在试用期内作出并通知劳动者，超出试用期再以试用期不胜任工作为由提出解除劳动合同将不能得到支持。若试用期满后未为劳动者办理转正手续，不能认为还在试用期间，用人单位也不能以试用期不符合录用条件为由解除劳动合同。也就是说，是去是留用人单位应当在约定的试用期满时及时作出决定，一旦超过这个界点，无论是不是真正办理了转正手续也认为劳动者试用期是合格的，默认为劳动者已经成为正式员工，试用期解除的相关条款将不再适用。

（三）试用期生病怎么办

试用期内，处于医疗期的职工出现《劳动合同法》第三十九条中除第一项之外的情形，用人单位可以依法与之解除劳动关系。也就是说，用人单位不能以第三十九条第一项“在试用期间被证明不符合录用条件的”或第四十条第二项“劳动者不能胜任工作，经过培训或者调整工作岗位，仍不能胜任工作的”规定为由，与医疗期内的职工解除劳动关系。除非用人单位在招聘条件中明确该职工所任职位有定额的生产任务要求，而医疗期内职工因为自身情况不能完成该定额生产任务，此时用人单位可以在职工医疗期届满后与之解除劳动关系。

（四）超出的试用期

对于双方约定的试用期超出法律规定但尚未履行的，劳动者可以要求用人单位变更相应的劳动合同期限。但是实际上一些劳动者都是违法约定的试用期已经在履行的情况下才发现该问题，怎么办呢？劳动者可以要求用人单位按照非试用期的工资标准也就是转正之后的工资标准支付工资。比如说期限为两年的劳动合同试用期约定了4个月，那么劳动者有权要求用人单位按照转正之后的工资标准支付额外2个月的工资。

普法提示

（一）“夹着尾巴做人”

试用期间，公司的职能部门和人事部门都会对新员工就工作能力、适应能力、人际交往能力等开展几乎三百六十度全方位的考察，此期间，多听、多观察、多问无疑是平安度过试用期最好的办法。劳动者务必在规定的工作领域、任务要求和权限范围内工作，迅速熟悉工作，提高业务水平。要做好当“勤杂工”的准备，先从低做起，踏踏实实一步一脚印地努力，慢慢在工作中绽放自己的才华。同时，特别提醒劳动者注意的是必须严格遵守规章制度，谦虚谨慎，千万不可因小失大。

（二）试用期福利不可低人一等

对于试用期内的法定福利如社会保险、带薪年休假，试用期员工与正式员工平起平坐，待遇相同。特别要说的是试用期也需要为劳动者缴纳社会保险。不少用人单位都是在试用期满后才为劳动者缴纳社会保险，这存在极大的用工风险。生活中不乏这样的案例，有的劳动者刚入职一个月就发生了工伤，在鉴定为工伤九级后本可享受工伤保险待遇，但因用人单位为了节省区区几百元的保费却支出了几万元的代价。而对于一些非法定福利，比如奖励旅游、节日补贴等，取决于享受福利的前提以及与用人单位之间的约定。

（三）试用期不要“口说无凭”

实践中，试用期不与劳动者签订劳动合同的用人单位比比皆是，很多用人单位认为既然是试用期那试用了以后再签合同也不迟，不试怎么知道是不是用人单位想要的“菜”，但实际上建立劳动关系就应该签订劳动合同，试用期也不例外，而且不能只签订约定试用期的劳动合同。未签订劳动合同用人单位自然无法给劳动者设定试用期，更不能以试用期不合格辞退劳动者。

（四）试用期内离职被索培训费

对于试用期员工，用人单位都会对其进行一定的培训，视工作性质和岗位的不同，培训的内容、成本也不同，当员工要求调动、辞职时，用人单位都有恨铁不成钢的感觉，争议也由此发生。实际上，用人单位出资培训劳动者，劳动者在试用期内要求解除劳动合同的，用人单位不得要求劳动者支付培训费。只有在试用期满，在劳动合同期限内，劳动者要求解除劳动合同时，用人单位方可要求劳动者支付培训费。

（五）遭遇陷阱可投诉

劳动者在入职前应学习相关法律知识，当自身权益受到损害时要敢于维权，可以到用人单位或劳动合同履行地的行政部门进行投诉，也可以到劳动仲裁部门申请仲裁维权，运用法律武器保护自身权益。

希望试用期用人单位多一些宽容理解，劳动者多一分诚恳努力，希望劳动者安全度过试用期，成功转正。

第二章

履　职

案例一

加班费的计算

——加班费到底该如何算

邹鸿雁[①]

案情回顾

张三郎在老家习得祖传的烹饪手艺，来北京一家餐厅任大厨职务。餐饮行业总是别人休息的时候工作最忙最累，餐厅常常安排三郎在周六周日上班，遇到国庆放假等来店里消费的客人更多，餐厅也会照常营业，工作日工作到晚上八九点钟也是家常便饭。张三郎为了在北京闯出一番天地，入职后也常常和毕业于厨师学校的顶级厨师学习最新的烹饪技能，常常在自己下班后还在后厨帮厨学艺。由于三郎的刻苦努力，他的烹饪技能突飞猛进，但是餐厅并没有给予其相应的待遇，三郎遂在老乡的推荐下另谋高就。离职后，三郎觉得原来的餐厅非常不人道，自己长期卖命工作并没有得到应有的待遇和尊重，遂去当地的劳动仲裁部门起诉，要求支付自己在职时的延时加班费、休息日加班费和法定节假日加班费等共计 3 万余元。

仲裁阶段，餐厅认可三郎的工作岗位，对三郎在工作期间的工作表现也表示认可，但是不同意三郎的全部诉讼请求。餐厅提出由于自己行

① 北京市西城区人民法院民七庭法官助理。

业的特殊性已经向劳动行政部门申请了综合计算工时制，平时工作时间分成早中晚三班，早班时间是6点到14点，9点半之后有半个小时的用餐时间；中班是9点到14点，17点半到21点，中午有半个小时用餐时间，晚上有半个小时用餐时间；晚班是16点到23点，有半个小时的用餐时间。平时安排厨师早中晚三班调换上班或休息。根据用人单位提交的考勤表，存在法定节假日安排加班的情况，仲裁委员会认为即使是实行综合计算工时制的岗位，用人单位在法定节假日安排劳动者加班也应该支付法定节假日加班费，故裁决用人单位支付劳动者法定节假日加班费。

仲裁审理后该餐厅认为自己已经申请了综合计算工时制并获得了审批备案，劳动者起诉要求用人单位支付加班费的举证责任在劳动者，三郎虽称自己下班后还为了学艺没有回去休息，在下班后经常由于餐厅正值用餐高峰，后厨繁忙而主动加班加点工作，但是没有提交任何证据证明，而且即使加班也是三郎自己主动要求的，不是餐厅安排的，如果确实有加班或者替班的情况也已经支付了加班费用，所以请求法院判决不支付三郎的各项加班费。三郎在仲裁后认为虽然在法定节假日的加班工资得到了补偿但是其他时间自己加班却没有得到支持，因而也向法院提起了诉讼。

法院在审理中，认真核对了考勤表中的工作时间，发现即使餐厅的厨师岗位执行的是综合计算工时制度，总的工作时间也超出了法定的最高时长。而且餐厅在计算加班费的时候计算基数不正确，仅以三郎的基本工资为基数计算，计算方法同样有问题，最后判决餐厅补发延时加班的加班费差额和法定节假日的加班费共计1万余元。餐厅还是不服一审法院的判决又向二审法院提起上诉，最终二审法院维持了一审法院的判决。三郎为自己争取到了迟来的加班费。[①]

---

① 案例来源：中国裁判文书网，北京市第二中级人民法院（2017）京02民终9452号民事判决书。

法理分析

（一）工作时间怎么算

司法实践中工作时间是按照一年365天计算的，其中法定节假日有11天，分别是元旦1天、春节3天、清明节1天、劳动节1天、端午节1天、中秋节1天、国庆节3天，一年中周六日共计104天。所以一年的工作日按照：365天－104天（休息日每星期2天，一年52个星期）－11天（法定节假日）＝250天，那么季工作日：250天 ÷4季＝62.5天/季，月工作日：250天 ÷12月＝20.83天/月。如果计算工作小时数则以月、季、年的工作日乘以每日的8小时。这就意味着一年总的工作天数不应该超过250天，一年总的工作小时数不应该超过2000小时。

但是法律规定法定节假日劳动者可以不用工作，用人单位也需要支付工资，那么工作时间和计算收入的时间也存在差异。计算工资收入时用的就是计薪天数。其中月计薪天数21.75天，是按照月计薪天数＝（365天－104天）÷12月＝21.75天计算得出。那么计算每日工资的时候按照日工资=月工资收入 ÷ 月计薪天数21.75天计算，计算小时工资的时候按照月工资收入 ÷174小时（月计薪天数21.75天 ×8小时）计算得出。

举个例子，如果张某的月工资标准是5220元，那么其每日工资为：5220元 ÷21.75天=240元，其小时工资为240元 ÷8小时=30元。

（二）加班费的种类

劳动法规定加班费有延时加班费、休息日加班费和法定节假日加班费三种类型。延时加班指的是工作日期间，超过法定8小时上班时间之外的工作时间；休息日加班指的是用人单位安排劳动者在周六日加班的情形；法定节假日加班则是指劳动者在春节、元旦等法定节假日上班的情形。不同的时间加班对应的不同法律概念补偿的标准和依据也都不尽相同。

延时加班费是按照不低于劳动者本人小时工资标准的150%支付劳动者延时的加班工资；休息日加班费是按照不低于劳动者本人日或小时工资标准的200%支付劳动者休息日加班工资；法定节假日加班费是按照不低于劳动者本人日或小时工资标准的300%支付劳动者法定节假日的加班工资。

法律规定的150%、200%、300%的支付标准是法定的最低限度，如果用人单位支付的比例高于法定的标准是可以的，但是如果用人单位计算的标准低于该标准则是不被法律认可的。劳动者可以要求用人单位补齐差额部分。

举个例子，张某的月工资标准是5220元，上文已经计算得出其日工资标准为240元，小时工资标准为30元。如果这个月公司安排张某在某个周三下午加了两小时班，那么公司应至少支付张某延时加班费30元×2×150%=90元，则该月张某至少应该获得5310元（5220元+90元）的工资收入。

如果公司安排张某在某个周六加了一天班，某个周日加了3小时班，则张某应获得休息日加班费至少为240元×200%+30元×3×200%=660元，那么，这个月张某至少应该获得5880元（5220元+660元）的工资收入。

如果公司安排张某在端午节当天正常工作了一天，那么张某应获得的法定节假日加班费不应少于240元×300%=720元。

（三）加班费的计算基数

计算加班费时应该以劳动者的应得工资作为加班费的计算基数，如上文中提到的张某的月工资标准5220元是其应发工资数额，即没有扣除五险一金和个人所得税时的数额。

如果劳动者和用人单位已经在劳动合同中明确约定了加班费的计算基数，那么在计算加班费时可以根据双方约定的标准来计算。但是如果双方约定的是以最低工资为标准来计算加班工资，劳动者以后在诉讼中认为当初的约定不符合法律的规定，认为应该以劳动合同约定的月工资标准来计算，应该支持劳动者的请求。

虽然劳动者和用人单位之前约定了加班费的计算依据，但是最后用人单位给劳动者计算加班费的时候没有按照事前的约定，而是以高于原来约定的标准来计算加班费的，那么就认为双方已经变更了原来的标准，以实际执行的更高标准来计算劳动者应该获得的加班费。可是如果实际执行的标准比原来约定的标准要低，那么就要看一看双方是不是真的变更了原来约定的较高标准，如果确实是双方变更了约定，才能以实际执行的低的标准来计算加班费。

但是有的时候并没有约定工资数额，或者有约定但是约定得不明确的情况下，就应该以实际发放的工资作为计算加班费的依据。用人单位每个月发的工资、奖金、津贴和补贴等都属于每月实际发放的工资，都该作为计算加班费的依据。具体来说包括“基本工资”“岗位津贴”等所有的工资项目。不能以“基本工资”“岗位工资”“职务工资”的一项或者几项作为加班费的计算基数。应该注意的是，如果以实际发放的工资数额作为计算基数，那么上个月的加班费、伙食补助等是应该被扣除的，不能将上月的加班工资作为计算基数。

如果劳动者的当月工资里包含奖金，是否也能作为加班费的计算基数呢？这要看当月的奖金是否是劳动者正常工作时间的工资报酬，如果是则该奖金属于工资的组成部分，应该作为加班费的计算基数。比如，有些商场员工每月有绩效奖金，这种绩效奖金就属于工资的性质，应该作为加班费的计算基数，即使该笔奖金的发放日期和当月工资的发放日期不一致，也要将两部分合计作为加班费的计算基数。可是如果用人单位不按月而是按季发放的奖金，如年终奖等，就要根据实际情况具体判断。

（四）加班绵绵几时休

法律既然规定了加班的制度，是否意味着用人单位只要支付加班费就可以无限制地安排劳动者加班加点的工作呢?

答案显然是否定的。《劳动法》规定，在标准工时制下即使存在加班的情况，也要保证劳动者平均每周的工作时间不超过 44 小时，保证劳动者每周至少休息 1 日。如果用人单位因为生产的需要，在工作日需要劳动者延长工作时间的，一般每天也不得超过 1 个小时，如果确实因为特殊的原因需要延长工作时间的，在保障劳动者身体健康的条件下每天延长的工作时间也不能超过 3 个小时，每个月合计也不得超过 36 个小时。

（五）休息日加班后安排补休还有加班费吗

有些用人单位根据工作的需要安排员工在休息日加班后又安排员工补休，这种情形下劳动者还能否获得加班费呢?

依据《劳动法》第四十四条的相关规定，休息日如果安排劳动者加班工作的，应首先安排补休，如果不能补休，则应支付劳动者休息日的加班工资。用人单位安排劳动者补休的时间应该等同于安排劳动者加班的时间。可是如果用人单位是在法定休假日安排劳动者加班工作的，那么一般不安排补休，应另外支付劳动者不低于工资的 300% 的法定节假日加班报酬。

法定节假日一般不安排补休，因为法定节假日如春节、中秋节等都是中国的传统节日，对劳动者而言这一天具有非同一般的意义，即使安排劳动者补休，对劳动者而言，在传统节假日不能与家人团聚都是一种莫大的损失。所以休息日加班时可以安排补休，劳动者的休息权通过补休的方式已经得到了保障，用人单位就没有必要再额外支付劳动者休息日加班费了，但是法定节假日加班补休则没有意义，只要是法定节假日加班了，用人单位都必须支付法定节假日的加班费。

（六）值班算加班吗

很多用人单位出于安全、消防或者节假日的需要，会安排工作人员下班后在单位值班。应该明确的是，值班是一种值守的状态，不是正常上班，很多值班人员从事的值班任务也和本职工作无关。即使从事的是和本职工作有关的值班任务，值班期间也是可以休息的。所以用人单位安排劳动者去值班不用支付劳动者加班费。

知识拓展

（一）特殊工时制有多特殊

劳动法律为了保护劳动者的休息权利，对劳动者的工作时间都有明确的规定，一般说的朝九晚五,一周工作 5 天双休日休息 2 天的工作实行的都是标准工时制度，标准工时制是大多数岗位最常见的工作时间的安排，与标准工时制对应的就是特殊工时制，特殊工时制又分为不定时工时制和综合计算工时制两种不同的工时制度。

劳动者在入职时，签订劳动合同过程中，都会在劳动合同中约定入职岗位实行的具体工时制度。

大多数的工作岗位适用的都是标准工时制，《劳动法》第三十六条[①]、《国务院关于职工工作时间的规定》（国务院令第174号）第三条[②]都是关于标准工时制的法律规定。但是对于不适用标准工时的工作岗位法律规定了特殊工时制，《劳动法》第三十九条[③]、《国务院关于职工工作时间的规定》（国务院令第174号）第五条[④]是关于实行特殊工时制的法律依据。

如果劳动者从事的岗位适用的是标准工时制，那么无须劳动行政部门的审批，一般在劳动合同中约定就可以了，但是如果劳动者从事的是特殊工时制的岗位，不论是综合计算工时制还是不定时工时制都要求用人单位去劳动行政部门获得审批备案才能施行。

不定时和综合计算工时制相比于标准工时制都是一种特殊的工作时间的安排，在特殊工时制下用人单位依然应该保证劳动者的休息权，实践中可以采取集中工作、集中休息、轮休调休、弹性工作时间等适当的工作和休息方式。

（二）不定时工时制和综合计算工时制巧区分

不定时工时制适用的岗位指的是那些工作时间机动性强、具有随机性、工作时间不能固定的岗位，比如公司中的部分高管、外勤、销售及值班维修人员，还有一些长途运输人员、出租车司机以及港口、仓库的装卸工，还有部分公厕清洁人员和其他一些工作性质特殊、需要机动作业的职工。

---

① 第三十六条　国家实行劳动者每日工作时间不超过八小时、平均每周工作时间不超过四十四小时的工时制度。

② 第三条　职工每日工作8小时、每周工作40小时。

③ 第三十九条　企业因生产特点不能实行本法第三十六条、第三十八条规定的，经劳动行政部门批准，可以实行其他工作和休息办法。

④ 第五条　因工作性质或者生产特点的限制，不能实行每日工作8小时、每周工作40小时标准工时制度的，按照国家有关规定，可以实行其他工作和休息办法。

综合计算工时制指分别以周、月、季、年等为周期，综合计算工作时间的一种工作时间制度。比如，交通、铁路等需要连续作业的职工，还有地质勘探、制糖、旅游受季节和自然条件限制的行业职工，以及诸如餐饮、宾馆等其他适合从事综合计算工时制的行业等。在综合计算工时制下某一段工作时间可能比较集中，工作强度较大但是在一个综合计算的周期内，平均每天或每周的工作时间和法定标准的工作时间基本相同。

不定时工时制下没有延时加班费、休息日加班费和法定节假日加班费。但是在综合计算工时制下，如果在一个综合计算的周期内工作时间超过了法定的最高限度，则是可以对超出部分按 150% 的标准计算延时加班费的。法定节假日具有特殊的意义，在综合计算工时制下，如果法定节假日还是安排劳动者加班，那么用人单位也需要向劳动者支付 300% 的法定节假日加班费，但是综合计算工时制下同样没有休息日加班费。

普法提示

（一）加班证据要保存

在劳动争议的诉讼中，加班费的举证责任在劳动者，也就是说劳动者如果要求用人单位支付加班费，需要自己向法院提交证据证明自己确实在单位的要求下加班了。如果劳动者只是跟法庭陈述加班的事实而用人单位在诉讼中根本不认可存在加班的情况，劳动者要求用人单位支付加班费的诉讼请求极有可能因为劳动者不能举证而得不到支持。所以提醒广大的劳动者要有证据的意识，法庭上要有证据证明自己的主张，才能得到法律的支持。

（二）打卡记录作为加班证据的条件

劳动者举证能力比较弱，诉讼中有劳动者提交了电子打卡记录要求根据打卡记录来认定加班的事实。这种情况下，如果劳动者和用人单位都对考勤记录予以确认，则可以作为认定存在加班事实的依据。但是实践中不乏劳动者打卡后就离开用人单位，并没有正常出勤，如果劳动者仅仅依据电子打卡记录就要求以打卡记录的时间为准计算加班时间，是不能获得法院支持的。

（三）上班休息下班干，加班工资可不给

有的劳动者认为只要加班了就有额外的加班费可以领取，于是工作时间懒懒散散，工作都留到下班后，利用加班时间来完成，这样的情况劳动者还能要求用人单位支付加班工资吗？显然不能，支付加班费的前提都是因为用人单位确实出于工作的需要而安排的。就像前面案例中提到的三郎，他有时加班也是自己为了多学本领，提高技能，这种情况下还要求用人单位支付额外的加班费就不合适了。当然，三郎的工作态度和精神是值得鼓励和提倡的，他自身也因为刻苦努力地工作获得了更高的薪水和职位。

最后用人单位也要注意合理安排劳动者的工作量，不能给劳动者安排过量的工作任务，让劳动者不得不利用加班时间才能完成。只有让劳动者获得合理的休息，才能激发劳动者的工作积极性，保质保量地完成用人单位交办的各项工作任务。

案例二

年终奖的发放规则

——休动我的年终奖

邹鸿雁[①]

案情回顾

杜晓拉女士在某公司任职，2014年杜晓拉女士喜得千金，于是在家休产假照顾女儿，休完产假回去上班时已经到了2014年的年尾。刚回去上班就恰好赶上年底公司分年终奖，本来家里有了女儿之后开销就变大了，正赶上公司发年终奖，杜晓拉喜出望外，可是年终奖发下来之后，其他同事都欢天喜地地盘算着用年终奖给家里贴补家用，唯独杜晓拉没有领到年终奖。找领导询问情况，公司领导说因为她今年连怀孕带休产假在职工作时间也仅仅才半年有余，且工作期间因为身体原因很多工作上的事情并不能亲力亲为，所以她的工作表现只能算勉强胜任工作而已，对公司今年的工作并没有多大的贡献，所以公司决定不发放杜晓拉当年的年终奖金。杜女士听后非常气愤，认为自己休产假是法律赋予的权利，在职期间也都尽职尽责，公司扣发年终奖的决定不合法，一怒之下，提出离职同时提起诉讼，请求公司支付该年度的年终奖金，具体数额按年薪的15%计算即30600元。

---

① 北京市西城区人民法院民七庭法官助理。

仲裁阶段判决公司应当支付杜女士 2014 年度年终奖，考虑到杜女士实际工作时间等，仲裁按 80% 年终奖的比例计算判决公司应该向杜女士支付 24480 元的年终奖，公司不服仲裁裁决向法院提起了诉讼，请求无须支付杜女士的年终奖金 24480 元。一审法院审理过程中，双方都认可年终奖是否发放及具体的发放数额都由公司的法定代表人根据员工的工作表现等决定，诉讼中用人单位没有提供证据证明杜女士的工作表现不符合年终奖的发放标准，同时杜女士也没有证据证明自己该年度休产假期间也为公司提供了劳动、创造了业绩，但是杜女士休产假确实是法律赋予的基本权利，法院认为年终奖有别于基本工资，是正常支付员工月工资之外的报酬，公司会根据员工的工作业绩对员工工作进行奖励，所以结合年终奖的性质和杜女士的工作时间等酌定公司应该支付杜女士年终奖 20000 元。

公司不服法院的一审判决向上级法院提起上诉，二审法院经审理认为公司主张不支付杜女士 2014 年度的年终奖是因为杜女士的工作表现考核不合格，但是没有提交考核的依据，也没有提供杜女士考核不合格的证据，所以判决维持一审判决。最终杜晓拉女士为自己赢得了年终奖金。[①]

法理分析

（一）年终奖是工资吗

年终奖到底是不是工资，根据《国家统计局关于工资总额组成的规定》第四条规定："工资总额由下列六个部分组成：（一）计时工资；（二）计件

① 案例来源：中国裁判文书网，北京市第一中级人民法院（2017）京 01 民终 426 号。

工资；（三）奖金；（四）津贴和补贴；（五）加班加点工资；（六）特殊情况下支付的工资。”第七条进一步规定：“奖金是指支付给职工的超额劳动报酬和增收节支的劳动报酬。包括：（一）生产奖；（二）节约奖；（三）劳动竞赛奖；（四）机关、事业单位的奖励工资；（五）其他奖金。”根据上述规定，奖金属于工资总额的组成部分，因此年终奖显然属于工资范畴。

年终奖虽然是工资但还是和每月固定发放的工资有一定的区别，其体现在个人所得税的计征上，年终奖以奖金的形式在年底发放，是对全年工作的一种补偿，那么在计算个人所得税的时候需要将该年终奖平摊到各个月份来计算个人所得税。同样是年底发放的十三薪是对年底特殊月份的工资报酬，在计算个人所得税时是作为当月的收入来计算个人所得税的。

（二）单位是否必须要发年终奖

我国法律目前对年终奖的发放并没有统一规定，《劳动法》《劳动合同法》《工资支付暂行条例》等劳动法律法规对最低工资标准、加班费计算依据等涉及劳动者基本待遇的项目都有明确的规定，年终奖从本质而言还是用人单位给予劳动者的一种超额的劳动报酬，具有福利的性质，所以对用人单位是否设立了年终奖、年终奖如何发放等事项并没有强制性的要求。

《劳动法》第四十七条规定：“用人单位根据本单位的生产经营特点和经济效益，依法自主确定本单位的工资分配方式和工资水平。”可见用人单位为了鼓励生产，提高用人单位的劳动生产率，激发员工的工作积极性和创造性可以设立年终奖的发放标准和发放条件，以奖金的形式稳定人员，吸引人才，所以年终奖的发放用人单位具有极大的自主决定权，属于企业实行自主用工管理权的范畴。

（三）年终奖的发放依据

劳动法律法规并没有强制性规定年终奖该如何发放，通常情况下，是否发放年终奖以及年终奖的具体发放规则常常见于劳动合同的约定或者用人单位规章制度的规定，这也就意味着用人单位不能单方面任性决定年终奖具体该如何发，具体怎么发还是应该参照劳动合同或者规章制度的规定执行。

绝大多数情形下，年终奖具体发放标准用人单位都会结合部门和劳动者的工作表现考核决定。既然要考核，用人单位就有权利也有义务制定具体的考核标准。结合上文提到的案例，该案中劳动者和用人单位都认可年终奖的取得是需要考核的，劳动者认为自己在职期间的工作表现良好具备获得年终奖的资格，而用人单位认为劳动者工作期间工作表现不具备获得年终奖的条件，双方对劳动者的具体工作表现是否良好存在不同的认识。此时如何判定劳动者是否表现良好就成为案件的审理焦点，因为考核是由用人单位进行的，那么用人单位就有义务向法庭说明具体的考核标准以及为什么该劳动者不符合该标准，但是诉讼中用人单位没有拿出相关的证据对自己的主张加以证明，所以仍然在诉讼中面临败诉的局面。

（四）提前离职能否获得年终奖

年终奖一般都是年底发放，可是实践中常常出现这种情形，有些员工工作还没到年底就提前离职了，还有一些员工是在年度中入职的，这些劳动者到了年底工作时间都不满一年。因为年终奖的发放与否用人单位具有极大的自主决定权，有些用人单位就通过规章制度、通知、会议纪要等形式规定了获得年终奖的人员范围，将该年度获得年终奖的人员范围限定为发放年终奖之日还在职的劳动者，在这种情形下，提前离职的员工要求用人单位支付该年度的年终奖应当如何处理呢？用人单位的这种规定还必须遵照执行吗？

这种情形下就要看该年终奖是否具有劳动报酬的性质，如果具有劳动报酬的性质，用人单位就不应该拒绝发放。用人单位应该根据劳动者实际工作时间占全年工作时间的比例来确定年终奖的发放比例。比如，有些用人单位规定参与某个工作项目就应该发放项目奖金，但是因为项目的进度等原因需要等到年底根据项目的运行情况等核算发放年终奖金的数额，如果参与该项目的劳动者没有等到年底项目结算就提前离职了，那么劳动者到年底该项目结算的时候可以根据自己在职时参与项目的完成进度要求用人单位支付相应的年终奖金，具体数额可以参照自己实际工作时间折算确定。但是如果用人单位规定完成一定数量的工作量就可以获得年终奖奖励，此时劳动者还没有工作到年底就提前离职了，在职期间劳动者也完成了等额的工作量，那么劳动者也可以要求用人单位支付该笔年终奖金，这时的年终奖就无须按照在职时间的长短来折算了，劳动者完成了工作任务就应该获得相应的奖励，不能因为提前离职而被剥夺其获取劳动报酬的权利。

需要引起注意的是，上文所说的提前离职应该支付年终奖，针对的是具有劳动报酬性质的年终奖，如果该年终奖具有单纯的福利性质，比如一些用人单位发放的年终大红包、年会奖品以及一些实物奖励或者旅游奖励等，奖金的发放和劳动者提供的具体劳动无关，纯粹是出于奖赏或鼓舞士气的目的，那么提前离职的员工就不能获得这类性质的年终奖了。

（五）披着“年终奖”外衣的“工资”

有的用人单位为了防止员工跳槽，将每月工资的一部分预留出来，规定只有干满一年或过完春节还回来上班的员工才有资格领取这部分年终奖，这种年终奖虽然冠以年终奖的名义，但本质上来看还是劳动者应该获得的工资，用人单位这种预留工资然后年终再以年终奖形式发放的行为属于扣发劳动者工资的行为，这种做法和约定是对劳动者权益的损害，不能得到法律的支持。

还有的用人单位在员工入职时与员工约定了年薪制的工资发放形式，一般规定员工工作一年的年薪为劳动者总的工资报酬，有部分年薪按月发放，到年底再以年终奖的形式发放年薪中的剩余部分。年薪制下的年终奖虽然也是年底发放，一般也以年终奖的名义发放，但是透过现象看本质，年终集中发放的奖金也是劳动者劳动应得的报酬，属于基本工资的一部分，不具有奖励的性质，这种年终奖也是名为年终奖实为工资薪金。如果员工没有干满一年就因为各种原因而离职，离职时，用人单位说离职的员工没有工作满一年不能获得年底年终奖金，那么用人单位的这种做法是错误的，用人单位还是应该支付这部分报酬的，但是考虑到年薪制下年薪是以一年为工作周期计算报酬的，可以按照劳动者的实际工作时间折算应该获得的报酬数额。

知识拓展

（一）规章制度作用大，合理使用好处多

管理规范的用人单位一般都会对年终奖的发放标准和规则制定一套评定和具体的管理办法，这些管理办法其实都是用人单位用于自身管理的规章制度。《劳动法》第四条规定“用人单位应当依法建立和完善规章制度，保障劳动者享有劳动权利和履行劳动义务”。可见制定规章制度既是用人单位的基本权利也是用人单位的基本义务。

规章制度一般具有准法律的属性和特征，用人单位作为一级管理组织，

有自身的管理风格和行业属性，劳动法律从保护和谐用工关系的角度出发，只能对涉及劳动者和用人单位的基本权利义务作基础性的规定，用人单位的日常管理和经营还是有赖于用人单位自身制定一套行之有效的规章制度以保障运行。

年终奖的发放规则等也是用人单位规章制度的一部分，就年终奖本质而言是用人单位对劳动者劳动的奖赏，法律没有对年终奖的发放规则和条件等作出规定，但是既然用人单位自身制定并执行了关于年终奖的发放管理办法，法院在处理类似案件时就会根据用人单位制定的规章制度来审查劳动者是否符合领取年终奖的条件，这时用人单位制定的规章制度就具有了准司法的属性。

用人单位可以通过制定规章制度的方式将用人单位内部合理且有效的管理规则制度化、体系化，让用人单位的管理更规范，也让规章制度在用人单位的管理中发挥更大的作用。

（二）规章制定要民主，公示程序少不了

关于年终奖发放的各种规章制度和奖惩办法，是直接涉及劳动者切身利益的重要事项，《劳动合同法》第四条规定对涉及劳动报酬等直接关乎劳动者切身利益的规章制度，在制定或者修改时应当经职工代表大会或者全体职工讨论，提出方案和意见，同时要与工会或者职工代表平等协商确定。如果工会或者职工认为不恰当的，还有权向用人单位提出，通过协商的方式修改和完善。

这些规定都意味着关于年终奖发放的规章制度在制定过程中不能由管理层任性决定，而要注意制定过程中的民主程序，同时制定通过的年终奖发放规则也必须向劳动者公示才能具备效力。换句话说，用人单位必须告诉劳动者用人单位有这样一个年终奖的发放规则，这时候这个年终奖的发

放规则才能对劳动者适用。

在刘某与某期货有限公司劳动争议的案件中，用人单位对年终奖的发放标准、考核的时间、年终奖的递延发放批次、提前离职等事项在规章制度中都有详尽的规定，但是法庭在审理过程中，用人单位不能提交这份规章制度经过民主程序的证据，所以用人单位的这份规章制度就没有被法院引用，最后单位在法院的诉讼中败诉[①]。

普法提示

（一）口头承诺不靠谱，证据意识要加强

年终奖和员工的基本工资还是有着本质的区别。很多用人单位的年终奖一般也都是按照惯例发放，员工在入职时虽然也都知道用人单位会有年终奖金发放，但往往双方都是口头约定多而书面约定少。特别是很多劳动者在求职时自身处于弱势地位，基本都是配合用人单位完成各种招录手续，再加之自身风险意识不够，法律意识淡薄，更不懂得保存证据的重要性，但这样往往会在发生纠纷之后将劳动者自身置于一种十分不利的局面。因为在民事诉讼中，还是遵循着“谁主张，谁举证”的原则，劳动者如果认为用人单位应该给自己发放年终奖而没有发放，应该向法院提交证据证明双方确实有过年终奖发放的相关证明。如果劳动者不能证明极有可能在诉讼中面临败诉的风险。

所以要提醒广大劳动者的是一定要有证据意识，如果双方有关于年终

① 案例来源：中国裁判文书网，北京市第二中级人民法院（2017）京02民终11016号民事判决书。

奖发放的承诺或者约定，最好将承诺书面化，将口头的关于年终奖和薪酬待遇的约定写入书面的劳动合同之中。平时工作中也要注意保留相关的证据，比如劳动合同、公司的奖惩办法、公司发放奖金的银行转账记录，平时自己工作的业绩考核资料等，一旦劳动者和用人单位发生争议，这些都会成为劳动者维护自身权益的有力武器。随着智能手机的推广和广泛使用，必要的时候也可以用手机拍照或者录音的方式留存重要的书面凭证。

（二）变了味的年终奖，失德失心损失大

年终奖本来是用人单位利用年底的大好时机，在内部鼓舞员工士气，表扬先进行为，增强内部管理，加强团队建设的大好手段，恰到好处的年终奖金奖励的确也起到了挽留人心的作用。可是就是有部分的用人单位为了防止员工离职，将本应该年底发放的年终奖改为春节后发放，还有部分用人单位为了降低用工成本，将员工的工资恶意克扣，假借年终奖的名义迟延发放，甚至还有部分用人单位设置重重障碍，将劳动者本来的劳动所得，变成了公司需要考核发放的奖励奖金，这些做法都违背了年终奖的原本面目。

年终奖也因此被异化为“防跳槽奖”“拍马屁奖”，很多劳动者本有离职的意愿，但是在用人单位设置的种种障碍之前，不得不犹豫再三。这种变了味的年终奖，虽然从表面上看起到了临时性地防止员工离职的作用，但是用人单位的这种做法往往伤了劳动者的心，会让用人单位背上恶名。

用人单位和劳动者本来是和谐共生的关系，用人单位的这种做法将劳动者放在了用人单位的对立面，不利于员工的日常管理，用人单位还是应该端正心态，正确面对员工离职的现象。对用人单位而言还是要靠待遇留人、靠感情留人、靠事业留人，靠异化年终奖的方式勉强留下的人，也是留人不留心，从根本上而言，不利于用人单位自身的发展。

（三）规章制度合理用，沟通反馈不可少

年终奖发放与否法律并没有强制性的统一规定，用人单位从规范管理的角度出发，一般会以规章制度的方式对各类奖金、年终奖励的发放制定一套规则，即使没有系统性的规章制度，一般单位也都会有职工的奖惩规定和员工手册等关于奖励的规范性文件，即便都没有，在发年终奖之前也会对员工的工作表现等进行综合的考察和评定。年终奖的发放数额一般比较大，涉及劳动者的切身利益，劳动者的关注度大，所以在发放年终奖时用人单位一定要高度重视。最好有专门的规章制度对奖金的发放标准、发放条件、发放范围、发放金额、发放时间和具体发放方式等有明确的规定，这样劳动者在年终奖发放之前就有一个确定的预期，不会因为落差过大而产生一些负面的情绪引发不必要的纠纷和诉讼。

同时在评定年终奖金的具体实施过程中，既要保持决策层的权威性和领导性，也要保有适度的开放性和透明度。要加强和员工的沟通，建立异议收集的渠道，有一定的反馈途径，让劳动者理解和明白自己的年终奖数额到底是怎么测算出来的，即金额少了是因为什么而被扣发的，如果多了又是因为什么而获得的额外奖励，这样才能使年终奖的发放合情合理，也能起到年终奖鼓舞士气、加强管理的作用。

案例三

职场调岗的明规则
——任性调岗不可为

邹鸿雁[①]

案情回顾

杜小拉在某公司任财务部资金经理职务，有一次因为电脑故障等原因公司的一些重要财务数据丢失了，事发后公司领导怪罪下来，将责任都推给了杜小拉，责备杜小拉作为财务部的工作人员没有将数据资料备份。后来公司人事部门就给杜小拉下发了《岗位调整通知书》，将杜小拉的职务由原来的高级经理降级为助理岗位，工资也从原来的每月 20000 元大幅下降为每月 1720 元。杜小拉心里非常委屈，觉得工作出了差错，自己也很着急，事后也一直在想办法进行补救。再说电脑出了故障是谁也没有料到的事，之前公司也从来没有要求自己对所有数据资料进行备份，还有自己也不是唯一可以接触电脑服务器数据的工作人员，现在公司工作出了差错就让自己来当“背锅侠”，杜小拉心里不服气，一纸诉状将公司诉至仲裁委员会要求恢复原岗位和原待遇，补齐工资差额。

仲裁委员会支持了杜小拉的主张，裁决双方继续履行劳动合同、公司

---

① 北京市西城区人民法院民七庭法官助理。

恢复杜小拉资金经理的职务，同时补齐工资差额。公司不服又向法院提起了诉讼。法庭审理阶段，公司认为法律赋予了用人单位自主经营管理的权利，对员工的岗位进行调整也是合乎法律规定的，且原来的资金经理职务已经因为公司组织架构的调整而取消，相关的职能也由其他人员代行，所以无法恢复原来的岗位。一审法院在审理中认为用人单位作出了调岗降薪的决定就应该对调岗降薪的合法性负有举证责任，公司并没有证明调岗降薪是双方协商之后作出的决定，公司也没有明确要求杜小拉需要对财务数据进行备份，而且杜小拉不是唯一可以接触服务器数据的人员，所以判决公司恢复原工资待遇，但是考虑到原资金经理的岗位已经取消，具体的岗位需要杜小拉和公司再行协商确定，之前的工资差额也应补发。

公司不服一审法院的判决又向上级法院提起了上诉，二审法院经审理认为，工作岗位和工资待遇是劳动合同的重要内容，如果要变更劳动合同的内容需要劳动者和用人单位协商确定。即使劳动合同约定了用人单位有单方调岗的权利，用人单位也应对调岗的合理性作出说明。现公司的调岗降薪决定既不合法也不合理，所以维持了一审法院的判决结果。①

法理分析

（一）约定调岗从约定

劳动者在入职后被调整工作岗位意味着原来入职时签订的劳动合同发生了实质性的变更，如何评价这种调岗的行为，首先要看调岗的依据是什么。

如果用人单位和劳动者在入职时就已经有约在先，用人单位可以根

---

① 案例来源：中国裁判文书网，北京市第一中级人民法院（2016）京01民终5419号民事判决书。

据自己生产经营的具体情况适当地调整劳动者具体工作岗位。劳动者在入职工作了一段时间后，确实出现了市场环境变化或者组织架构调整等客观情况，劳动者原来的工作岗位和工作内容也随之发生了实质性的变更，有的岗位可能因为机构的整合不复存在了，这个时候用人单位对劳动者的岗位和具体的工作内容作出了调整，这样的调岗行为无可厚非，法律不应该对用人单位内部的管理决策做过多的干涉，这都属于合理调岗的行为。但是一般来说，调岗不调薪，即岗位调整了劳动者的薪资不能有太大的变化。

而且劳动者在入职时和用人单位就有过这样的约定，从劳动者的角度考虑，当生产经营的客观情况发生变化后，劳动者也应该能够预见到自己目前的岗位会有调整和变化。

（二）约定不明要合理

还有些情况，就是入职签订劳动合同的时候，用人单位和劳动者没有约定工作岗位，比如有些劳动合同，岗位一栏为空白，或者岗位一栏填写为职员，劳动者具体的工作内容无非也就是处理一些领导交办的工作，这种情况就属于未约定工作岗位的情况。

还有的劳动者入职时岗位约定得非常模糊，比如有些劳动合同约定的岗位是管理岗，管理岗具体指什么，是人力资源管理还是行政管理等都没有明确，岗位职责约定也非常模糊，这都属于约定不明的情况。

在对劳动者的岗位约定不明确的情况下，用人单位单方面地调整劳动者的工作岗位还是要看用人单位的调岗行为到底合不合理。那么如何判定调岗行为的合理性要综合参考以下一些因素：例如，用人单位的经营变化是否有必要，调整岗位有没有正当的目的。实践中有些用人单位为了“挤走”某些员工，会成立一些特别的机构或部门，制定一些无法完成的目标或任务，然后再把员工从原岗位调离，调入这些特别设立的部门从事工作，最后再以不能胜任或者其他原因，逼迫员工离职。这样的调岗就不符合合理调岗需要具备的“经营必要性”和“目的正当性”的要求。

调岗是否合理还要综合考虑调整后的岗位劳动者是否能够胜任，调整后劳动者的薪资待遇水平有没有明显的降低，以及调整工作岗位后有没有对劳动者歧视性和侮辱性的情况存在。

总之，在劳动者岗位约定不明确的情况下，用人单位出于正当的目的也是可以单方面给劳动者调整工作岗位的，但是调整岗位的行为必须合情合理，虽然用人单位有用工的自主权，但是行使权利的时候也万万不可任意妄为。

（三）擅自调岗是违约，造成损失需赔偿

如果入职时用人单位和劳动者就已经在劳动合同中对劳动者的工作岗位有明确约定，双方也没有在劳动合同中约定日后如何调整劳动者的工作岗位，用人单位就擅自给劳动者调整工作岗位，这样的行为是对原来劳动合同的重大变更，属于违约的行为。

如果擅自调整劳动者的工作岗位，给劳动者造成了损失，用人单位有义务对劳动者的损失进行赔偿。具体赔偿的标准和数额可以参照劳动者原来岗位的工资待遇水平，劳动者可以要求用人单位补齐原岗位的工资差额。

如果劳动者还是希望从事原来的工作岗位，这种情况下就要具体分析有没有可能恢复原岗位，因为用人单位很多岗位具有唯一性、专属性，比如财务主管、董事会秘书等职务一般只能有一个，这种情况下原来劳动者的工作岗位已经无法恢复了，此时劳动者就只能要求用人单位赔偿自己的

经济损失。但是如果劳动者的岗位还能恢复，如劳动者原来的岗位是普通的销售岗位，现在被用人单位擅自调整为行政文员，那么劳动者要求回原来的岗位从事原来的工作是可以得到法律支持的。

（四）特殊情况特殊对待

还有一些情况用人单位不得不对劳动者的工作岗位进行特殊的调整。这些情况主要是指《劳动合同法》第四十条所载明的情形。

具体而言有以下三种情况：第一种情形是在劳动者生病的情况下，劳动者如果因为自身原因患病或者非因公负伤，在家休养的医疗期结束后重新回来工作，这时候因为身体状况已经不能再从事原来强度的工作了，此时用人单位可以结合劳动者此时的身体状况安排劳动者从事其力所能及的工作。第二种情形是劳动者因为自身能力不足确实不能胜任原来的工作岗位要求，这时候用人单位可以给劳动者调整工作岗位，将劳动者调整到适合其工作能力范围之内的岗位上，或者对劳动者进行岗位培训和教育，提升劳动者的能力后重新给劳动者安排适合的岗位。第三种情形是客观情况发生了重大变化，原来的劳动合同确实已经无法履行，此时用人单位应该和劳动者重新协商确定新的岗位。

（五）同工同酬是原则，薪随岗走更公平

如果劳动者的岗位被调整了，劳动者也接受了新的工作岗位和工作安排，那么劳动者也应该接受相应岗位的工资待遇水平。特别是根据《劳动合同法》第四十条调整工作岗位后，劳动者患病休养回来或者因为自身能力原因被重新安排适合劳动者身体状况和能力要求的新工作岗位，一般而言新的工作岗位的劳动强度或者能力要求等都会有所下降，工资待遇水平

一般也会随之调整。只要这种调整是公平合理的，没有侵犯劳动者的合法权益就是合法的。

《劳动合同法》第四十条规定，因为客观情况发生重大变化，原劳动合同确实无法履行被调整工作岗位的情况下，劳动者和用人单位可以针对新的岗位进行协商，协商的过程不仅包括岗位还包括相应岗位的工资待遇，相当于劳动者和用人单位又重新签订了一份新的劳动合同。如果协商不成，劳动者可以与用人单位解除劳动合同，协商成功也就意味着新的劳动合同的达成，所以也无所谓侵犯劳动者合法权益了。

（六）岗位没换地点变，合情合理才可以

有些用人单位与劳动者签订劳动合同的时候，在劳动合同中将工作地点约定为“全国”“北京”，这样的约定是否有效，用人单位是否就能够随意地将劳动者安排到任意的工作地点呢？

遇到这种情况，首先要看用人单位的具体经营模式和劳动者的工作岗位性质，比如有些大型装修公司招聘的维修服务岗位，岗位职责就是负责维护全市范围内用户家庭中装修后的后续服务工作，那么这种约定和安排就是合理的。如果不是上面说的这种特殊情形，而是约定工作地点是“全国”“北京”，就属于约定不明的情况了，劳动者目前实际的工作办公地点就应该看作劳动合同约定的工作地点，用人单位如果没有正当理由是不能随意变更劳动者的工作地点的。

但是如果签订劳动合同的时候，劳动合同当中就已经明确约定用人单位可以单方面地变更劳动者的工作地点，是否就意味着用人单位可以随意地调整劳动者的工作岗位了呢？显然也不是，用人单位可以调整劳动者的工作岗位，但是调整的时候还是应该合情合理才可以。那怎样的调整才是合理的呢？那就要看调整的目的是什么，调整后新的工作地点和原工作地

点的距离，对劳动者实际工作和生活的影响。还要看用人单位有没有采取一些合理的补救措施，比如是否安排了班车、提供了宿舍，或者增加了交通补助、调整了工作时间等。

总之，用人单位在调整劳动者的工作岗位和工作地点的时候不能任性而为，一定要合情合理。

（七）合同变更需协商，书面合同要牢记

劳动合同是确定劳动者和用人单位双方权利义务关系的依据，为了维护劳动者的权益，也为了在发生纠纷后明确双方的权利义务关系，法律规定劳动者入职必须签订书面劳动合同，如果不签用人单位很可能需承担未签劳动合同两倍工资的法律责任。而在劳动合同中，劳动者的岗位、劳动者的薪资待遇以及劳动者的具体工作地点等都是重要的核心条款和内容。实践中如果发生了调岗、调薪、调地点的情况，则是属于对劳动合同内容的重大变更，相当于签了一份新的劳动合同，此时用人单位需要和劳动者协商以重新确定劳动合同的内容。而且劳动合同的内容发生变更双方也要以书面的形式记载。

知识拓展

（一）仅仅合法还不够，合理性审查也必要

劳动合同是确定劳动关系中劳资双方权利和义务的重要依据，用人单位的规章制度也是用人单位进行内部管理的重要文件。有的劳动合同或者用人单位的规章制度中会出现这样的条款：“用人单位有权根据实际情况

对员工调岗调薪，员工应当服从。”从合同意思自治的角度看，劳动者既然签订了劳动合同就应该认可合同中的所有条款，也应该遵守履行。劳动者在用人单位工作也要接受用人单位的领导和管理，服从用人单位制定的规章制度的安排。但是劳动合同关系中，劳动者是处于弱势的一方，劳动合同法为了平衡劳动者和用人单位的法律地位，给予了劳动者更多的保护，也对用人单位提出了更高的要求。

特别是在关乎劳动者切身利益的问题上，比如调岗调薪的问题上，不仅要求用人单位的处理决定合乎法律规定，也要求用人单位的决定合乎情理，这就对用人单位的管理提出了更高的要求。

（二）合理调岗有必要，程序规范才合法

即使用人单位根据自身的经营状况对劳动者的岗位和薪酬进行了合理的调整，调整时也要符合法定的程序。用人单位首先要和劳动者进行协商。

在协商不一致的情况下，如果用人单位是因为自身的原因而调整劳动者岗位的，劳动者不同意，用人单位是不能单方调整的，还应按照原合同继续履行。但如果是因为客观情况发生了重大变化，此时原劳动合同已经无法继续履行了，比如企业发生了关、停、并、转的情况，用人单位是可以在协商不一致的情况下，在向劳动者支付相应的经济补偿后与劳动者单方面解除劳动合同的。

需要注意的是，要降低劳动者在劳动合同中约定的薪酬标准必须要和劳动者协商一致，但是如果用人单位根据自身经营状况的好坏向劳动者发放的奖金数额有调整，这就属于用人单位的自主权，是可以的。

普法提示

（一）自主经营是权利，随心所欲不可取

法律赋予了用人单位自主经营管理的权利，用人单位可以在法律允许的框架内自主安排机构内部的各种经营和日常管理活动，不同行业、不同机构、不同地域的用人单位也都有自己行业独特的文化和管理风格。但即便如此也并不意味着用人单位可以在自己单位内部的“一亩三分地”里随心所欲，对涉及劳动者切身利益的重大问题处理上，不仅要合乎法律的基础性的规定，也要合乎情理。

劳动者到用人单位从事劳动也为用人单位创造了财富，也希望有个和谐的工作氛围和环境。用人单位只有在管理上多从劳动者的角度考虑问题，在涉及劳动者切身利益的决定上合法也合理地处理问题，才能赢得劳动者发自内心的认同，劳动者也就更愿意为用人单位提供更好的劳动。只有这样才能构建用人单位内部和谐的工作环境，让用人单位在激烈的竞争中立于不败之地。

（二）诚实守信是原则，翻案文章做不得

法律虽然对处于弱势的劳动者给予了更多的保护，但是诚实守信也是对劳动者的要求，劳动者要合理行使自己的权利，不能对用人单位太过苛求。法律规定劳动合同的内容发生了变更，需要及时以书面形式的方式确认。

但如果劳动者的岗位、薪资或者工作地点已经发生了实际的调整，劳动者也认可用人单位的安排或者虽然没有明确表示认可但是也都遵照执行了一段时间，后来劳动者反悔了，以未采用书面形式的理由主张用人单位

当初的变更行为无效，劳动者这样的请求也是得不到法律支持的。

法律规定对未采用书面形式变更的劳动合同，如果对变更后的劳动合同已经实际履行超过1个月，而变更的内容不违法，也符合公序良俗的规定，当事人以未采用书面形式为由主张变更无效的，是得不到法律支持的。

（三）拒绝调岗不上班，消极怠工不可取

有的劳动者对用人单位的调岗决定不服，就直接不去单位上班，还有的劳动者虽然每天去单位打卡，但还是留在原来的工作岗位上不去新的岗位工作，这些做法都是不可取的。如果用人单位的调岗行为是合法合理的，劳动者不去上班或者不按时去新的岗位报到，这是严重违纪的行为，可以认定为旷工，用人单位可以在不支付任何经济补偿金的情况下将劳动者予以辞退。但是如果用人单位的调岗行为不合法，用人单位辞退员工的行为就可能构成违法解除，在违法解除的情况下，用人单位是需要向劳动者支付双倍经济赔偿金的。

所以作为劳动者，在面对用人单位的调岗决定时，即便不服气也要理性对待，不能意气用事。要积极寻求法律援助，用合法合理的方式表达自己的合理诉求，维护自己的合法权益。

用人单位在合理行使自身经营自主权，对劳动者的岗位进行调整时，也要积极和劳动者沟通，向劳动者做好解释说明工作，避免发生不必要的争议和纠纷。同时也要注意提高证据意识，留存必要的资料作为证据，一旦因调岗而引发劳动争议纠纷，用人单位是需要对其作出的调岗调薪行为的合法和合理性向法院提供证据加以说明的。如果用人单位不能提交有效的证据证明自己在调岗的过程中与劳动者有过沟通和交流，不能证明自己的调岗行为不仅合法合理而且必须必要，是要面临败诉风险的。

案例四

女职工“三期”

——不得不说的“秘密”

李曦[①]

“三期”是一种大家约定俗称的简称，是女职工孕期、产期和哺乳期的合成，这是女职工特有的福利和权利。

对于绝大多数女性来讲，一生中都会经历孕育生命、抚育后代这个过程，这段经历往往是女性一生中最幸福最难忘的时光。但对于不少职场女性来说，与幸福时光相伴的是担心随时被解雇的隐忧，从孕期开始在工作中时时感觉如履薄冰。实际上，女职工因妊娠、生产、抚育婴儿往往不能提供正常劳动，被一些用人单位视为负担而遭受不公平待遇，轻者“穿小鞋”，变相调岗降职、扣发工资，重者被直接辞退。实际上我国很多法律明文规定了对“三期”女职工的保护条款，体现了立法的倾斜性保护，其目的是基于女职工的特殊性和贡献，为女职工设定一些特殊劳动保护。那么法律赋予了“三期”女职工哪些特权，如何用好这些特权呢，本文将结合以下案例进行讲解说明。

案情回顾

莺莺于2008年9月18日入职某大型跨国企业，任项目经理，月薪

① 北京市西城区人民法院民七庭法官。

9000元。2009年5月8日，莺莺发现其身体不适，到医院检查，发现自己怀孕两个月了，因为有先兆流产，医生开出一个月的病假，要求其卧床静养，莺莺将病假条交给领导后就申请不再加班，回家休息。6月25日，用人单位寄来通知，写道因为莺莺已怀孕，不能胜任经常加班的公司项目经理职位，从即日起调整为项目主管，工资下调为5000元。莺莺为了孩子忍气吞声，没想到1个月后，公司又突然通知莺莺因为公司效益不好要裁员，会按照1年1个月的薪资标准补偿莺莺。后经多次协商未果，莺莺选择仲裁和诉讼，要求恢复劳动关系，并补偿其调岗产生的工资差额。那么，到底法院会怎么判呢？先卖个关子，上述这个案例中涉及了三期待遇、调岗降薪、解除劳动合同等问题，接下来一一为大家解释后相信大家能得到答案。

法理分析

我们先来准确界定“三期”。孕期是指末次月经的第一天开始至分娩结束的期间；产期严格来说是对女职工分娩时间的表述，是指休产假的期间；哺乳期一般认为是从婴儿出生至满1周岁的期间。“三期”女职工享有什么假期，享受什么待遇呢？

（一）孕期女职工的假期及待遇

1. 女职工妊娠期间在医疗机构约定的劳动时间进行产前检查的，应视为正常劳动时间，按照正常出勤计发工资收入，也就是说产前检查用人单位不得按病假、事假或旷工处理。但是，要说明的是有员工仗着产检不扣工资，三天两头称不舒服要去产检，又以距离远为由一请就是一整天，那用人单位是不是每次都要批假呢？并非如此，女职工产前检查前，医疗保健机构会提供产前检查手册，记录产检的时间和频率，如不按此操作，除非极其特殊的紧急情况，超出的时间和频率将被视为病假或事假处理。

2. 医师开具证明需要保胎休息的，按疾病待遇管理办法执行，即用人单位应当按照病假工资标准支付女职工工资。

（二）产期女职工的假期及待遇

内容：单胎顺产可享受产假 98 天，其中产前可休息 15 天；难产的，增加产假 15 天。多胞生育者，每多生育一胎，增加产假 15 天。

《女职工劳动保护特别规定》第七条规定，以分娩时间为界限，产前可以休假 15 天，允许职工自行调整产假安排，以职工申请为准。

待遇：女职工产假期间的生育津贴，对已经参加生育保险的，按照用人单位上年度职工月平均工资的标准由生育保险基金支付；对未参加生育保险的，按照女职工产假前工资的标准由用人单位支付。

（三）哺乳期女职工的假期

1. 哺乳假

内容：产假期满，如有困难且工作许可，由本人提出申请，经单位批准，可请 6.5 个月哺乳假；经二级以上医疗保健机构证明患有产后严重影响母婴身体健康疾病的，本人提出申请，用人单位应批准其 6.5 个月哺乳假。

待遇：哺乳假期间的工资不低于本人原工资的 80%。

2. 哺乳时间

内容：在婴儿 1 周岁内，用人单位应在每天的劳动时间内为哺乳期女职工安排 1 小时哺乳时间；女职工生育多胞胎的，每多哺乳 1 个婴儿每天增加 1 小时哺乳时间。当婴童满 1 周岁后，经区县以上医疗机构确认为体弱的，可延长哺乳时间，最多不超过6个月。

待遇：女职工哺乳1小时时间视为工作时间，工资照发，不应减少，且不影响晋级、调整工资及计算工龄等。

接下来我们来说，三期女职工最担心的被无故解除劳动合同的问题，也就是“三期”女职工解除劳动合同的限制。

《妇女权益保障法》第二十七条规定，任何单位不得因结婚、怀孕、产假、哺乳等情形，降低女职工的工资，辞退女职工，单方解除劳动（聘用）合同或者服务协议。《女职工劳动保护特别规定》第五条规定，用人单位不得因女职工怀孕、生育、哺乳降低其工资、予以辞退、与其解除劳动或者聘用合同。《劳动合同法》第四十二条规定，女职工在孕期、产期、哺乳期内，用人单位不得解除双方劳动合同关系。同时，劳动合同期满的，用人单位也不能终止，必须等到相应情形消失方可终止。因此，“三期”女职工享有就业保障权，用人单位不得随意解除或终止三期女职工的劳动关系，这是国家对三期女职工的特殊保护。

结合上述案例来说，莺莺的领导先是以不胜任工作为由通知其调岗降薪，再又以经济性裁员为由进行解除劳动合同的做法显然不妥，用人单位系违法解除。再比如说莺莺是名超级名模，生了孩子之后身材已经远不如从前苗条，此时此刻劳动合同订立时所依据的客观情况发生重大变化，致使劳动合同无法履行，莺莺做国际名模的愿望落空，但作为用人单位的模特经纪公司以此为由将莺莺开除也不可以。再以莺莺为例，她的劳动合同在2012年3月10日期满，但是此时莺莺尚在孕期，用人单位也不得通知其终止劳动合同，而必须要顺延至“三期”届满，也就是莺莺孩子出生满1周岁时。

总结一下，女职工在孕期、产期、哺乳期的不得辞退或终止的几种情形包括：（1）不能胜任工作不得辞退；（2）情势变更无法达成协议不得辞退；（3）经济困难或转产需要裁员时不得裁减；（4）劳动合同期满时还处于“三期”的女职工，劳动合同延续至哺乳期期满。

需要说明的是，“三期”的女职工虽然享有特别的待遇，受到法律法规的特别保护，但是这种特殊保护并不是无限的、无原则的，而是有范围、有条件的。也就是说，倘若“三期”女职工不是因为《劳动合同法》第四十条、第四十一条中规定的情形（也就是上文提到的不能胜任工作、客观情况发生变化、经济性裁员），而是因为《劳动合同法》第三十九条中规定的情形（包括：试用期被证明不符合录用条件、严重违反用人单位规章制度、严重失职等）被用人单位解除劳动合同，法律是不对其进行特殊保护的。下面以案例说明。

2002 年 11 月 6 日，莺莺入职某公司，双方签订无固定期限劳动合同，2014 年 5 月 21 日至 2015 年 6 月 25 日，莺莺因身体不适断断续续请病假，2015 年 6 月怀孕，从 2015 年 6 月 26 日起莺莺一直休假未履行请假手续也未到岗，2015 年 8 月 31 日用人单位发出解除劳动合同通知书，理由是莺莺连续旷工两个月，违反公司的规章制度。莺莺诉至法院，其认可未请假，认为其身体一向不好单位知道，况且在孕期理应受到关照，孕期身体不适、情绪不稳定所以未及时请假，因而以自己在孕期被解除劳动合同为由主张违法解除劳动合同赔偿金。法院经审理后认为，女职工的特殊保护是劳动法律体系的一种基本制度，但并不意味着“三期”女职工可以无视用人单位的规章制度，即使在孕期其也应该遵守单位的规章制度，按时到岗工作或按规定履行请销假手续，在身体不适但是未履行请假手续的情况下莺莺的行为系旷工，莺莺连续旷工的行为违反了公司的规章制度，公司以此为由解除劳动合同符合法律规定。

再比如，莺莺虽然怀孕了，但如果发生以下这些情形，用人单位同样可以解除劳动合同：（1）莺莺在试用期怀孕了，行动变得异常缓慢，领导交代的任务常常不能按时完成，工作出现重大失误，在试用期间被证明不符合录用条件；（2）工作中重大失职，给用人单位造成重大损失，如莺莺是财务人员未经审核向他人汇款，给用人单位造成财产损失；（3）莺莺的毕业证是伪造的，因欺诈导致劳动合同无效；（4）莺莺怀孕后，还在其他的用人单位兼职，被原用人单位老板发现，要求她不要再在外面兼职，莺莺仍执迷不悟；（5）莺莺怀孕后，性格变得异常狂躁，把自己的老公打成了重伤，依法被追究了刑事责任。

通过上述这些情况，想说明的是怀孕并不是绝对的保护伞，用人单位不得对“三期”女职工无过失辞退和经济性裁员，但如果劳动者严重违反用人单位规章制度，用人单位仍然可以同劳动者解除劳动合同，且此种情形辞退“三期”女职工，用人单位不用支付经济补偿金。这就要求“三期”女职工不能拿着法律特殊保护这把“尚方宝剑”为所欲为，而是应有所为有所不为。

（四）“三期”女职工的调岗限制

实践中，很多用人单位因“三期”女职工短时间内无法充分发挥其最大效用，无法为用人单位创造更大的财富，但是“三期”内又不能随意辞退员工，因此很多用人单位多采用调岗的手段，要么是调整至级别较低的岗位，要么是干脆调整至完全陌生的岗位，一时让女职工无所适从。这种做法可谓“醉翁之意不在酒”，一是想通过降薪来降低人工成本，二是迫使“三期”女职工知难而退，自动离开岗位，以此逃避法律责任。那么，“三期”女职工能不能被调整工作岗位呢？答案是未经双方协商一致，用人单位不得单方调整女职工的工作岗位，但又不是绝对不可以调整。用人单位基于女职工的名义对其岗位进行合理调整，如果是符合法律规定的，对于用人单位法定的单方调岗的权利理应尊重。

可以调整的情形包括：（1）从禁忌岗位调整至非禁忌岗位，如果女职工从事的是容易引起流产、早产、畸形的特殊工作，比如在有毒气、有放射性物质、高处、冷低、高温及噪声环境中工作，以及从事高强度体力劳动工作等，用人单位应主动应女职工要求暂时调整工作岗位或减轻工作量；

（2）女职工身体状况不能胜任现工作的，可以调整工作岗位，法律依据是《女职工劳动保护特别规定》第六条的规定，即女职工在孕期不能适应原劳动的，用人单位应当根据医疗机构的证明，予以减轻劳动量或安排其他能够适应的劳动；（3）双方协商一致可以调整工作岗位。

但要注意，上述调岗必须具备合理性，是否合理，主要从以下几个方面考量：（1）与原岗位具有一定的相关性，女职工能胜任，如果在孕期将一个女职工从会计岗位调整到开拓市场的销售员，其无法胜任，合理性就要怀疑；（2）工作量的加减，“三期”调岗的目的是降低孕期职工的身心负担，如调整之后工作量有增无减则用人单位的调岗动机就要打个问号；（3）是否具有侮辱性，如女职工原岗位是部门经理，调整岗位后任保洁，则属于具有侮辱性。另外，对于女职工休产假后恢复上班的，原则上还是要恢复原岗位，但确实因客观情况变化无法履行的，比如原岗位已经招用新人员的，可以适当调整，但不得随意降低原工资待遇，同时调岗要合理。

（五）“三期”劳动报酬

与调岗紧密相关的问题就是女职工在“三期”内，用人单位能否调整女职工的劳动报酬？《妇女权益保护法》第二十七条规定：“任何单位不得因结婚、怀孕、产假、哺乳等情形，降低女职工的工资……”因此，不论是因女职工个人的原因造成工作岗位的调整（如不胜任工作或主动提出调整工作岗位），还是因单位的原因造成工作岗位的调整（如部门被撤销），“三期”女职工绝对不可以被调整劳动报酬。这里的劳动报酬一般认为是固定工资，不包括绩效工资、加班工资等浮动工资，因女职工休产假未正常提供劳动，不存在绩效考核或浮动工资内容。同时，绝对不可以调整劳动报酬并不意味着用人单位必须全额发放与女职工工作业绩、工作表现挂钩的全部劳动报酬。如果用人单位有严格完善的工资管理制度，那么与工作业绩相挂钩的绩效奖金、销售提成，与出勤天数相挂钩的全勤奖金，用人单位可以根据女职工当月工作业绩、出勤天数予以发放。

知识拓展

（一）辞职后发现怀孕还能反悔吗

如果女职工与用人单位解除劳动合同或申请辞职后发现已经怀孕了，劳动者反悔并主张解除协议或辞职行为无效，要求继续履行劳动合同至“三期”届满，对于该行为我们给予“差评”，就是不予支持。理由是虽然法律规定了“三期”内，用人单位不得依照《劳动合同法》第四十条、第四十一条的规定解除劳动合同，但并未禁止双方协商一致解除劳动关系或者劳动者自己提出辞职。如果在此过程中没有欺诈、胁迫或重大误解，则应认定协议生效、辞职行为成立，认定双方劳动关系解除，禁止女职工再行反悔，这也符合诚实信用原则的要求。

（二）生育保险待遇知多少

我国生育保险待遇的内容除了大家知道的产假之外，还包括三部分：1. 女职工生育医疗补贴：包括产前检查费、接生费、输血费、手术费、住院费、药费，一般按照生育保险报销目录和最高限额予以补贴；2. 计划生育手术补贴，主要是生育后实行计划生育手术的女职工；3. 生育津贴，在上文已经提到过，在这里想说明的是如果参加了生育保险，女职工领取的生育津贴低于本人产假工资标准，差额部分由用人单位补足，但是未参加生育保险社会统筹的单位，在女职工生育产假期间，由单位照发工资。

（三）流产待遇

女职工怀孕未超过4个月流产的，享受15天产假；怀孕满4个月的，享受42天产假。产假期间，工资照发。注意，此期间是全额工资并非病假工资。

产假期满，因身体原因还不能工作的，经过医务部门证明后，其超过产假期间的待遇参照病假待遇处理。

（四）劳动合同期满终止后女职工发现在劳动合同期满内已经怀孕的劳动关系

《劳动合同法》第四十五条明确规定劳动合同期满，女职工在孕期、产期、哺乳期的，劳动合同应顺延至相应的情形消失时终止，那么在“三期”期间劳动合同到期的当然应当依法顺延至“三期”届满，但对于终止后才发现怀孕的情况，因为女职工在合同期限内就已经存在怀孕的事实，而从受孕后到发现需要有个过程，此种情况下用人单位也需继续履行劳动合同至哺乳期满。同时，因“三期”情形顺延劳动关系的，该延续期间应视为女职工在单位的连续工作年限。

普法提示

（一）女职工需警惕的无效条款

女职工入职前，有的用人单位明确要求新入职的女员工必须保证在1年内不能够怀孕，否则终止劳动合同。双方还签订协议，作为劳动合同的附加协议。虽然双方签订劳动合同和附加协议，但双方除了必须遵循平等自愿、协商一致的原则以外，还必须遵循合法性的原则，即签订劳动合同的主体、内容和形式均不得违反法律、行政法规的规定。用人单位在劳动合同中虽然与女职工约定“不得结婚”“不得怀孕”的内容，但是上述约定违反《宪法》《婚姻法》《计划生育条例》的有关规定，因此，这些条款为无效条款。

（二）未婚而育的损失

未婚而育指双方没有合法结婚登记手续而生育的行为，这种行为不符合计划生育政策。《妇女权益保障法》第二十六条明确规定妇女在经期、孕期、产期、哺乳期受特殊保护。可见妇女在生育期间的产假是法定的，不管其生育是否符合计划生育政策，员工提出休产假要求时企业都应当无条件批准，也就说只要有生育的事实，就应依法享受产假。但同时我国生育保险要求对象必须是合法婚姻者，即必须符合法定结婚年龄、按婚姻法规定办理合法手续并符合国家计划生育政策的公民。也就是说未婚而育不仅不能享受产假期间的包括检查费、接生费、手术费、住院费、药费以及生育津贴等在内的相关生育保险待遇，还要依法缴纳社会抚养费。

（三）请假需规范

我们提醒女职工发现怀孕时应及时告知用人单位，对自身是一种保护，对用人单位也是一种尊重。“三期”女职工多多少少会遇到请假的情况，但是记住，即使你怀孕，用人单位也不会体贴到想当然就认为你请的假就是产假、产前假等，所以作为员工应写清楚每次请假的理由，并且要根据相应的假别来进行操作，这关系到假期的长短以及工资待遇等。对于请病假，应提供相应的诊断证明书和病假条，记明病假天数和起止时间，病假结束后视情况及时到岗或完善续假手续；对于产前检查应将产前检查手册及时交予用人单位并按手册时间进行检查；对于事假，更是除写明原因外还需要得到单位的准许，否则可能构成旷工。对于上述假条不方便当面提交用人单位的，应委托家人转交或及时联系用人单位，采取邮寄、微信等方式通知用人单位。

（四）“隐孕”之伤

“三期”女职工因处于特殊生理时期，可能会担心被用人单位视为负担而遭受不公正待遇，使得劳动者怀孕后不敢告诉单位而“隐孕”或者入职时已经怀孕但“隐孕”入职。站在企业的角度，如果员工刚入职就怀孕，在没有怎么创造劳动价值的情况下，企业要给员工产假、病假，调整其作息安排。有的员工甚至拿怀孕当“尚方宝剑”，认为企业不敢把怀孕员工怎么样，就很放纵自己的行为，不好好工作。从员工角度说，怀孕本来就是自己的权利，而且员工怀孕期间的在职状态也是对自己的一种保障，女职工有时隐瞒怀孕情况，可能真的是迫不得已。我们希望用人单位和员工，都应多站在对方的立场思考问题。企业应做好员工关怀，增强凝聚力；员工也要爱岗敬业，在身体条件允许的情况下，在孕期做好自己的本职工作。但是女职工面对“三期”内随意降低工资、辞退等违法行为时，要敢于维权，完全可以大大方方享受孕期正当的劳动权益。在遭到不公正待遇时，可以求助劳动监察部门，也可以到劳动仲裁部门申请仲裁或诉讼，运用法律武器保护自身权益。

现在的女同志不仅承担抚育下一代的任务，还走入职场承担了相应的社会责任。我们希望企业和社会能对女同志多一些关心理解和支持，让“三期”女职工不仅能感受到家庭的温暖和支撑，也能在职场中找到尊严和幸福感。

案例五

员工致损的赔偿问题

——员工被骗，企业受损，谁来埋单？

梁良[①]

2016年发生了一起令人悲痛的事件，山东高考生徐玉玉因遭遇电信诈骗被骗走学费而过度伤心致死。过去的几年间，电信诈骗可谓骗术重重，花样百出。如果做随机调查，可能大多数人都收到过诈骗电话或信息。如果我们的身份仅仅是普通群众，那么遭遇电信诈骗，可能仅仅是个人财务的损失。但如果我们同时还是用人单位的员工，因劳动者个人原因遭遇电信诈骗而导致公司财务受到损失，这种损失应当劳动者承担还是用人单位承担？换言之，劳动者在工作过程中因为个人的过失行为给用人单位造成损失，劳动者是否还需要向单位承担赔偿责任呢？

案情回顾

2014年11月20日，林冲入职水泊梁山公司，担任出纳，月工资税前3500元。2015年5月20日，林冲在手机QQ上收到了QQ名为公司总经理“王伦”发来的信息，“王伦”询问林冲是否在公司。当日，林冲告知“王伦”他当天请假。第二天，“王伦”通过QQ向林冲发消息，要求林冲把公

① 北京市西城区人民法院民七庭法官。

司的可用资金汇出，林冲没有和水泊梁山公司的其他人员进行复核，便使用财务总监杜迁及林冲保管的2个U盾分11笔将水泊梁山公司基本账户中的50万元通过网银转至账户名为“吴用”的账户中。在上述汇款过程中，公司财务负责人杜迁其实就在公司开会，但林冲却再次通过QQ询问“杜迁”是否知道该笔汇款的事情，“杜迁”通过QQ回复：“王伦总经理刚跟我说的，我正想告诉你，正要跟你说。”林冲告知“杜迁”自己拿走了U盾，“杜迁”回复知道。汇完款后，林冲发现财务负责人杜迁正在开会，于是将刚才汇款的情况向杜迁汇报，杜迁表示完全不知道此事。这时，大家才知道被骗，立即向公安机关报案。

诈骗事件发生后，林冲自己手写一份《关于公司被诈骗案件的说明》，记载了被骗的事实经过，并写明“我也知道自己工作失误，现在事情已经发生，我会尽量配合公安机关和公司把案件查清，尽量减少公司的损失，我为自己的工作失误深深自责”。

2015年10月22日，因公安机关一直未能破案，而且林冲拒绝赔偿水泊梁山公司的损失，于是双方解除了劳动关系。随后，水泊梁山公司申请劳动仲裁，要求林冲赔偿全部经济损失50万元，仲裁委员会裁决驳回水泊梁山公司的仲裁申请。

水泊梁山公司不服裁决，向一审法院起诉。

一审中，水泊梁山公司诉称，林冲通过网银多次转账至案外人吴用的账户，整个转账过程历时两个小时，其间林冲从未向公司领导或其他人员就相关情况进行核实，也未进行任何请示、审批。林冲的行为严重违反公司财务规章制度，属于重大失职行为，给公司造成巨大损失，应当予以赔偿。所以要求林冲赔偿水泊梁山公司损失50万元及相应的利息。

对此，林冲辩称：1.案件已向公安机关报案，但尚未终结，公司的损失尚未确定，公司可通过刑事程序向犯罪嫌疑人进行追偿，不应当由林冲承担赔偿责任。2. 公司财务管理存在漏洞给犯罪人员以可乘之机。公司并未对财务人员进行过相关财务制度的培训，也未建立完善的财务制度。3. 公司要求林冲承担责任没有法律依据。4. 案件发生过程中，林冲已经尽到了合理的注意义务。林冲收入较低，公司让林冲承担赔偿，不符合公平原则，不利于林冲日后的成长。此外，林冲转正后月工资 3500 元，公司的第二项诉讼请求没有法律依据，且该项诉讼请求未经过仲裁处理。

一审法院查明，双方签订的劳动合同有如下约定，林冲应“严格遵守公司制定的规章制度”，“因严重违反公司规章制度等原因，若给公司造成经济损失的，视损失情况确定处罚金额，员工应予以赔偿”。此外，林冲称“王伦”“杜迁”的 QQ 头像、名称与公司总经理王伦、财务负责人杜迁相同，是事发前新加林冲为好友，林冲未经核查，误以为聊天对象系王伦和杜迁故进行了汇款。水泊梁山公司的《关于费用报销、资金支付审批流程的规定》中明确规定了相关财务制度和流程。林冲主张公司财务管理中存在财务总监不签字即放款的情形，公司董事长平时也会通过 QQ 形式与员工沟通工作；公司存在用公司对公账户直接给私人汇款情形。

本案的争议焦点为林冲遭电信诈骗造成公司损失，是否应当赔偿责任。法院认为林冲具有重大过失，应当承担赔偿责任。理由为：第一，林冲的行为并非在公司的指挥、安排下正常提供劳动，林冲的划款行为并非基于公司的指示，故行为的相应后果不应当由公司承担。第二，林冲作为有专业知识和经验的财务人员，违反公司的财务管理流程放款，导致了公司的损失，存在重大过失。第三，林冲对诈骗没有尽到必要的注意义务。林冲通过 QQ 被骗，但公司并没有通过 QQ 向林冲下达工作指令的先例。林冲被骗过程中，财务总监杜迁本人就在公司，但林冲并未当面与其核实。第四，基于双方劳动合同的约定林冲对公司的损失应当承担赔偿责任。最终，法院综合案件情况酌定林冲赔偿水泊梁山公司6万元。现该判决已生效。[1]

本案中，法院最终支持了用人单位的部分诉讼请求，判决劳动者赔偿6万元。但这是否意味着只要劳动者在工作过程中存在过错，就需要赔偿损失呢？

法理分析

对于该问题的回答，我们首先需要追本溯源，探寻劳动者对用人单位承担赔偿责任的依据。

（一）法律依据

根据我国现行法律规定，劳动者需要对用人单位承担赔偿责任规定存在两种情形。第一种是我国《劳动法》规定劳动者在解除劳动合同或者违反保密约定而对用人单位造成经济损失时，应当承担赔偿责任。[2]第二种是我国《违反〈劳动法〉有关劳动合同规定的赔偿办法》规定的劳动者违反劳动合同约定解除劳动合同而对用人单位造成损害的，应当承担赔偿责任。[3]

上述两种情况都以给用人单位造成损失为前提，但对劳动者履行职务

① 本案例参照（2016）京0102民初5844号民事判决书和（2016）京02民终10350号民事调解书。

② 《劳动法》第一百零二条规定：劳动者违反本法规定的条件解除劳动合同或者违反劳动合同中约定的保密事项，对用人单位造成经济损失的，应当依法承担赔偿责任。

③ 《违反〈劳动法〉有关劳动合同规定的赔偿办法》中第四条规定：劳动者违反规定或劳动合同的约定解除劳动合同，对用人单位生产、经营和工作造成的直接经济损失的，劳动者应当赔偿用人单位经济损失。

存在过失造成用人单位损失，应否承担赔偿责任并没有明确规定。这里会产生一个问题，即劳动者因过错造成用人单位损失，是否需要赔偿呢？对此，《工资支付暂行规定》予以明确规定，其第十六条规定：因劳动者本人原因给用人单位造成经济损失的，用人单位可按照劳动合同的约定要求其赔偿经济损失。

由此可见，劳动者对用人单位承担赔偿责任的依据应包括法律规定和劳动合同约定。在前面的案例中，林冲作为出纳这种特殊岗位的工作人员，其与公司签订的劳动合同约定了劳动者对用人单位承担赔偿责任的内容，且该规定并不存在用人单位借此免除自身法定责任，或排除劳动者法定权利的情况，故用人单位主张赔偿损失有法定和约定的依据。

（二）法理辨析

1. 用人单位能否向劳动者索赔

根据《工资支付暂行规定》第十六条的规定，因劳动者本人原因给用人单位造成经济损失的，用人单位可按照劳动合同的约定要求其赔偿经济损失。但如果在具体的案件中，劳资双方签订的劳动合同中没有约定劳动者需要赔偿的条款，也没有具体规定该如何赔偿及赔偿的程序，此时，如果劳动者造成用人单位损失，是否需要承担赔偿责任？

现实中，也有很多人秉持“职务行为可以免责”的观念，认为侵权责任法有规定，在工作中造成他人损害，由用人单位代为承担赔偿责任。事实上，这是一种误读。我国的民事法律讲究权利义务相一致，享有权利的同时也要承担义务；如果没有尽到自身义务造成了损害后果，就需要承担相应的法律责任。

劳动关系中，劳动者既有要求用人单位提供劳动条件、支付劳动报酬的权利，也有承担严谨认真完成工作的义务。因此，用人单位可以据此要求没有善尽工作职责的劳动者，对其造成的重大损失承担赔偿责任，而不论劳动合同是否有约定。

2. 劳动者在何种情况下需要承担赔偿责任

如上所述，既然只要劳动者有过错，便存在承担责任的风险。那么，劳动者究竟在什么情况下需要承担赔偿责任呢？接下来，我们再看一个案例。

2011 年 4 月 12 日，杨志到水泊梁山公司工作，职务是印前制作。水泊梁山公司在 2012 年 5 月花费 3 万元购买了一套防伪软件设计系统，该系统以及加密锁主要由杨志使用，加密锁存放于不上锁的公用抽屉内。2014 年 7 月 15 日，杨志因个人原因向水泊梁山公司提出辞职，水泊梁山公司同意。第二天，双方在办理工作交接的时候，发现加密锁遗失。于是，水泊梁山公司向公安机关报警，并紧急购买了价值 3 万元的加密锁。由于水泊梁山公司认为杨志对加密锁的丢失负有不可推卸的责任，故起诉要求杨志赔偿经济损失 3 万元。

本案经过了仲裁、一审和二审。终审法院认为：加密锁虽然主要由杨志使用，但系存放于并未上锁的公用抽屉内，水泊梁山公司并未提供证据证明杨志负有保管加密锁的义务，且杨志对于加密锁的丢失并无重大过错或故意。因此，杨志无须赔偿公司的经济损失。最终，终审法院驳回了水泊梁山公司的诉讼请求。①

由此可见，劳动者只有存在故意或者重大过失的情况下，才会承担赔偿责任。对于故意，不难理解。那么什么是重大过失？

我们以网络诈骗案件为例，作为专职财务人员的劳动者，在接到行骗者通过 QQ、微信等社交软件发来的向陌生账户转款的指令后，原本只需要致电领导核实即可避免损失，但却在未进行基本信息核实的情况下贸然仓促转款，未尽到财务人员的基本审慎义务和工作职责，此时便可以被认

① 案例来源于中国裁判文书网。

定为重大过失。而在第二个案例中，杨志的行为并不构成重大过错或故意，充其量是一般的过失，因此，杨志无须赔偿水泊梁山公司的损失。

3. 劳动者需要承担责任的比例

我们试想，如果劳动者因为工作遭遇诈骗进而造成了用人单位高达上百万元的损失，而劳动者本身月工资3000元。那么，对于用人单位上百万元的损失，劳动者是否需要全额赔偿呢？如果不是，劳动者需要承担多少比例的赔偿责任？

从法理角度考虑，规定劳动者的损害赔偿责任，主要目的应包括两方面：一是惩戒劳动者过失，补偿单位损失；二是促进用人单位完善管理制度，规范日常经营。因此，如果将损失完全转由劳动者承担，则可能导致用人单位松懈管理职责，不利于用人单位健全管理制度，对劳动者而言也有失公平。劳动者承担赔偿责任的范围，既包括劳动者与用人单位之间责任比例，也包括劳动者共同造成单位损失情况下责任比例的确定。

因此，在确定劳动者承担责任范围时，应综合考虑劳动者的主观过错大小、收入情况、单位与劳动者之间就损害赔偿的约定等因素。比如，在第一个案例中，用人单位50万元的财产损失，法院酌定林冲赔偿6万元。

知识拓展

（一）法院怎么判

现实生活中，如果实际发生劳动者因履行职务造成用人单位损失的情况，无论是对于劳动者还是用人单位，可能最关心的问题还是法院的观点。

对此，我们做简单的归纳总结。实践当中，对于因劳动者在工作过程中受骗而引发的劳动争议案件，法院在对法律责任进行认定时，一般按照民事法律的过错责任原则进行处理。在劳动关系中，用人单位处于管理和主导地位，劳动者处于被管理和服从的地位，因此要考虑到双方法律地位的差异，法院一般会遵循如下思路：

首先，审查劳动者是否存在故意或重大过失的情形，只有劳动者存在故意或重大过失时才会判决劳动者承担赔偿责任。其次，考察用人单位的制度与管理是否存在足以导致损失的不当之处，比如财务管理混乱等。最后，考虑劳动者的过错与用人单位管理不当过错程度的对比，并结合损失后果、双方对于分担损失的承受能力等因素进行综合考虑，作出双方各自赔偿比例的判决。在法院审理此类案件的实践中，劳动者被判决需要承担赔偿责任的可能性很高，但劳动者被判决赔偿的数额比例并不高，通常都是在损失数额的50%以下。

（二）劳动者侵权小结

在劳动争议案件中，用人单位侵犯劳动者利益的现象为社会所普遍关注，但劳动者“侵犯”用人单位利益的情况也时有发生，特别是因劳动者原因给企业造成损失的情况并不少见，如何对有关责任进行界定，是劳动者和用人单位普遍关心的问题。下面我们对相关问题做简要分析如下。

1. 劳动者给用人单位造成损失的主要情形

在企业用工管理实践当中，劳动者给用人单位造成损失的情形主要包括：劳动者违法解除劳动合同导致企业损失，如劳动者未履行提前通知义务而径自离开工作岗位；劳动者违反相关约定导致企业损失，如劳动者泄露用人单位商业秘密从而导致企业利润下滑产生经济损失；在劳动合同履行过程中，因劳动者职务行为导致企业损失，典型如本案涉及情形。

2. 用人单位向劳动者追究赔偿责任的原则

对于前两种情形，通常是在员工离职后发生的，双方已不存在劳动关系，用人单位追究劳动者的损失赔偿责任，可以按照双方约定并结合实际损失大小要求劳动者进行赔偿，此时用人单位追究劳动者的赔偿责任主要以《民法总则》等作为法律依据，以实际损失为主要参照标准。第三种情况也就是我们之前所探讨的员工在职期间被骗致使用人单位遭受损失的情况。因此，通常情况下，只有在劳动者由于故意或重大过失，给用人单位造成经济损失的情况下，劳动者才负赔偿责任。如果劳动者没有过失或者仅存在轻微过失，则无须赔偿。

普法提示

事实上，在职场当中，基本的职业要求是劳动者应当遵守相应的规章制度，审慎地完成工作任务。尤其对于职能部门的员工，如案例中涉及的林冲。如果林冲在履行职务过程中能够尽到更为严格的审核义务，电信诈骗分子便没有可乘之机。

因此，劳动者在日常工作中要做到如下几点：第一，认真、认真、再认真。在日常工作中，劳动者要强化风险意识，梳理审慎、警惕的工作态度。摒弃在工作中造成的损失劳动者无须自担责任的错误观念。第二，严格、严格、再严格。严格按岗位职责要求履职，在有岗位职责明确要求的情况下，严格按照责任要求从事日常工作。第三，谨慎、谨慎、再谨慎。强化履职合理注意义务，在没有具体职责要求的一般性工作岗位上，也应当谨慎处理个人事务及维护个人合法权益的注意程度，防止给用人单位造成损失。

对于用人单位而言，为了避免劳动者因过错给用人单位造成损失，在日常的管理中，用人单位要从以下几方面加强管理：一是健全完善管理制度。对涉及财务以及商务秘密的核心业务部门或岗位，要建立完善严格的管理制度并能切实贯彻执行。要做到有规可循，在劳动合同、员工手册或者规章制度中明确约定赔偿问题。二是提高劳动者防骗意识。提示劳动者注意保护账户信息，资金转账前要认真审核对方真实身份及账户信息，严格履行公司财务制度。三是切实履行管理责任。劳资关系中，用人单位处于管理者的地位，因此，法律会对用人单位赋予重于劳动者的注意义务。因此，用人单位应当切实履行管理责任，封堵可能存在的财务风险和漏洞，避免遭受难以挽回的经济损失。四是事件发生后及时采取补救措施，争取将损失降到最低。

在本节中，我们讲述了劳动者需要赔偿公司损失的几种情形，目的在于提醒劳动者，今后在工作中要仔细审核，严格把关，切忌投机取巧，在本职工作中守住每一条底线。要知道，你所做的，不仅提升了公司的安全指数，更是降低了自己的法律风险！

案例六

员工“泡病假”

——恶意“泡病假”，后果很严重

梁良[①]

大家都知道，人的生老病死是客观规律，再健康的人也难免会遭受疾病的困扰。根据我国法律规定，职工患病享有休病假的权利，用人单位应当支持。但是，现实生活中也有人“巧妙”利用病休假制度，虚开病假条长期告假，更有甚者从某宝上公然购买病假条，从而达到不上班又能领取劳动报酬的目的，也就是所谓的“泡病假”行为。从我们接触过的案例来看，不少公司都遭遇过员工“泡病假”的情况。

这些“泡病假”员工的内心想法也许是这样的：公司还不允许我们员工生病请假？当然不是，但是休病假不等于“泡病假”！用人单位如何在日常管理中防止这类行为？又如何巧妙应对“泡病假”行为？

案情回顾

2012 年 7 月 1 日，年轻气盛的司马懿刚刚大学毕业，便入职到曹魏发展公司。入职当日，双方签订了期限自 2012 年 7 月 1 日至 2015 年 6 月 30 日的书面劳动合同。司马懿在曹魏发展公司担任的职务是人力资源部职员。

---

① 北京市西城区人民法院民七庭法官。

2013 年 9 月 1 日，司马懿因患有腰椎间盘突出休病假 3 个月。休假期满后，司马懿回到公司继续工作。但因长期休养，司马懿感觉不适应工作节奏，于是便萌生继续休养的念头。

2014 年 2 月 19 日，司马懿向公司总经理曹操发短信请假两天，理由是腰部不适。2014 年 2 月 20 日，司马懿再次向曹操发短信请假，内容为“医生让卧床休息一周”。随后，在 2014 年 2 月 25 日，司马懿再次短信请假 3 周，并称系医生嘱咐。在此期间，总经理曹操两次要求司马懿回公司上班。2014 年 3 月 17 日，司马懿向曹操发送电子邮件，继续要求请病假，并发送了有许昌医院盖章的四份病假建议书扫描件。1 周后，总经理曹操要求司马懿在 1 周内提供历次就医记录。但司马懿拒不提供。2014 年 4 月 1 日，司马懿通过短信告知曹操“今天复诊，医生要求再休息一个月”。1 个月后，即 2014 年 5 月 2 日，司马懿通过电子邮件向公司递交了请假单（2 月 19 日至 5 月 31 日）及两份病假建议书的扫描件。

2014 年 5 月 8 日，公司向司马懿发出书面函件，指出司马懿提交的病假资料存在病假建议书中医疗卡号不一致、医院公章存在问题等情况，于是要求司马懿在一周内对上述问题进行解释，并提供所有病假建议书、挂号凭证及就医记录原件。同时，公司向司马懿发出“最后通牒”：安排快递员到司马懿的住址收取上述相关资料，并针问题反馈决定是否给予司马懿相应处分，包括解除劳动合同。

司马懿在收到公司发来的函件后，并没有给公司任何的回应。2014 年 5 月 14 日，公司派快递员至司马懿住处收取病假单等就医证明原件，司马懿却假装不在家，事后也拒不提供。

2014 年 5 月 23 日，公司向司马懿发出解聘通知，理由是公司对司马懿长期请病假的情况提出合理怀疑，但司马懿拒不配合也不提供合理的反馈和解释，经对所有事实及情况进行评估，公司视作司马懿存在长期“泡病假”的情况，已严重触犯了公司的规章制度，故解雇。

司马懿申请劳动仲裁，要求认定公司违法解除劳动合同，并支付经济赔偿金。仲裁委员会支持了司马懿的请求。后公司不服，诉至法院。

一审法院查明，司马懿签署的《员工手册》有如下规定：1. 员工严重违反劳动纪律、员工手册的相关规定或者公司其他规定等，公司可以随时解除劳动合同，无任何补偿；2. 员工使用各类病假都须提前填写请假单向主管书面申请，由相应权限的上级主管批准后方能休假；3. 员工无正当理由累计旷工 3 个工作日及以上，公司可以立即解聘并无须支付解聘补偿金。诉讼中，公司向法院申请调查令，申请法院至许昌医院调查司马懿的病假建议书及就医记录。结果，法院在许昌医院没有查询到任何司马懿的病假记录。

一审法院认为：虽然司马懿一直连续请休病假，并提供了相关病假建议书的复印件，但是从已查明的事实看，医院留存的档案中并未查到司马懿的相关病假记录，司马懿也无法证明病假建议书的合法性，故对司马懿所提供的病假建议书的真实性难以确认，不认可司马懿属于病假的事实。此外，在公司对司马懿提供的休病假材料提出异议并要求司马懿予以解释的情况下，司马懿对此均未予回应，也没有提交原件予以证明，司马懿的行为违反了公司《员工手册》中关于请休病假的规定。综上所述，司马懿的病假不成立，并构成旷工，属严重违反公司规章制度的行为，公司有权与司马懿解除劳动合同。

司马懿不服一审判决，提出上诉。

二审中，司马懿上诉辩称：第一，并不构成旷工；第二，公司一方面主张旷工，另一方面却支付病假工资，前后矛盾；第三，解雇我没有通知工会，程序违法。

二审法院认为：劳动者严重违反用人单位规章制度的，用人单位可以解除劳动合同。首先，在公司对司马懿请休病假材料的真实性提出质疑并要求司马懿予以解释的情况下，司马懿对此并未予以回应；其次，司马懿未提交证据证明就诊材料原件交给公司；最后，调查令显示医院无法查询到司马懿的病假记录，司马懿也并未提供其他证据证明病假建议书的合法有效性，故本院认定司马懿属于病假的事实不成立。综上，司马懿的病假不能成立，属于无正当理由不上班，构成旷工，公司以司马懿严重违反其公司规章制度为由解除劳动合同，并无不妥。因此，司马懿要求公司支付其违法解除劳动合同赔偿金的上诉请求，不予支持。最终，二审法院维持了一审的判决。①

法理分析

很多劳动者会有疑惑，如果员工生病，而且病得很严重，需要长时间请病假，难道也要面临被解雇的风险吗？在这里，我们有必要明确以下几个概念。

（一）医疗期和病假

“医疗期”是指职工因患病或因工负伤停止工作治病休息，但用人单位不得解除劳动合同的时限。公司根据员工的工龄，确定员工医疗期期限。后面我们会详细讲述如何计算医疗期期限。

需要注意的是，我国法律规定的“医疗期”并不等同于我们一般理解的“病假”。病假是医学概念而非法律概念，它是指医生出具证明劳动者可以停止工作休假养病的期限；而医疗期是法律概念，是法律赋予劳动者一定期限的特定病假期，在此期间劳动者享受劳动法规定的一些特殊保护，如医疗期

① 本案例内容源自（2014）浦民一（民）初字第42467号判决书和（2015）沪三中民三（民）终字578号判决书，名字本文做模糊化处理。

间内用人单位不得与劳动者解除劳动关系。以本案为例，司马懿患腰椎间盘突出，可能医院开具的休假证明期限是6个月，但根据司马懿的工龄情况，司马懿的医疗期间只有3个月，那么在3个月内司马懿可以享受医疗期待遇，用人单位不得解除劳动合同。但3个月医疗期之外的时间，尽管医院建议休假，如果司马懿存在严重违反公司规章制度的行为或者存在其他法定情形，用人单位依然有权与司马懿解除劳动合同。因此，病假并不等同于医疗期，并不是劳动者治疗需要多长时间，医疗期就有多长时间。

由此可见，很多劳动者通常认为的病假期间用人单位不得解除劳动合同的说法是不准确的。按照法律规定，准确的说法应当是医疗期内用人单位不得解除劳动合同。

（二）我国关于医疗期的规定

为了保护劳动者的健康，减轻患病劳动者生活困难，1951年，当时的国家政务院发布了《劳动保险条例》，确立了员工患病、非因工负伤的疾病救济制度。1994年，原劳动部制定发布了《企业职工患病或非因工负伤医疗期规定》《违反和解除劳动合同经济补偿办法》等文件，明确了医疗期计算、医疗期满劳动关系处理、经济补偿金、劳动能力鉴定、医疗补助金等一系列具体问题。1995年，《劳动法》第二十九条确立了医疗期解雇保护制度。[①]

应该说，上述法律和规定为患病员工提供了全方位的有利保护，但同时也为用人单位上了一道又一道紧箍咒。法律法规的初衷当然是好的，但

① 《劳动法》第二十九条规定："劳动者有下列情形之一的，用人单位不得依据本法第二十六条、第二十七条的规定解除劳动合同：（一）患职业病或者因工负伤并被确认丧失或者部分丧失劳动能力的；（二）患病或者负伤，在规定的医疗期内的；（三）女职工在孕期、产期、哺乳期内的；（四）法律、行政法规规定的其他情形。"

是在实践中，医疗期保护的现实情况离立法的初衷越来越远了。其中一个很重要的原因在于部分劳动者诚信的严重缺失，恶意使用医疗期机制侵害用人单位利益，典型如本案涉及的司马懿泡病假的情况。

（三）理论辨析

我们再回到司马懿的案件当中。医疗期满后，司马懿继续请病假，但用人单位与之解除了劳动合同，用人单位这种行为是否符合法律规定？

其实，劳动者有因病而休息和就医的权利，对此种权利可以称之为“病休权”。与此相对应的，用人单位也有“病假管理权”。虽然，劳动者的病休权具有优先地位，我国法律对此予以倾斜性保障。但病休权仍应当受到用人单位病假管理权的一定制约。因此，“泡病假”的问题，其实质是用人单位病假管理权与劳动者病休权之间的冲突。

那么，什么是病假管理权？病假管理权是指用人单位依法制定的规章制度对劳动者病休事项进行管理的权利。其实，用人单位享有病假管理权，也可以从我们的常用语“请病假”中得到验证。本意而言，“请”即“请示或请求批准”之意，“请病假”即“请求单位批准劳动者休病假”。

因此，我们既不能否定劳动者的病休权，也不能否定用人单位进行病假管理的合理性。虽然，我国劳动合同法对劳动者进行倾斜性保护，但如果劳动者存在主观恶意，仍应当承担一定的法律后果，甚至面临被合法解雇的风险。

知识拓展

实践当中，越来越多的用人单位发现员工利用病假规避单位的用人管理，躲在医疗期的“保护伞”之下。用人单位不但不能解除劳动合同，还必须支付病假工资。接下来，我们就实践中关于医疗期和病假的问题，再次进行简要的分析。

（一）医疗期有多长

医疗期有多长？首先来看法律规定。《企业职工患病或非因工负伤医疗期规定》第三条对此明确规定，企业职工因患病或非因工负伤，需要停止工作医疗时，根据本人实际参加工作年限和在本单位工作年限，给予 3 个月到 24 个月的医疗期。具体期限，我们来看这张表格。

表一　医疗期期间

实际工作年限	10 年以下		10 年以上				
本单位工作年限	5 年以下	5 年以上	5 年以下	5—10 年	10—15 年	15—20 年	20 年以上
医疗期（月）	3	6	6	9	12	18	24
医疗期计算周期（月）	6	12	12	15	18	24	30

通过表一，我们得出如下结论：如果劳动者的实际工作年限为 10 年以下，在本单位工作年限 5 年以下的医疗期为 3 个月，5 年以上的医疗期为 6 个月；如果劳动者实际工作年限 10 年以上，在本单位工作年限 5 年以下的为 6 个月；5 年以上 10 年以下的为 9 个月；10 年以上 15 年以下的为 12 个月；15 年以上 20 年以下的为 18 个月；20 年以上的为 24 个月。

如果劳动者的医疗期为 3 个月，那么，3 个月的医疗期是否必须一次性休完？回到表一，医疗期计算应从病休第一天开始，在医疗期计算周期内累计计算。换言之，医疗期可以不用一次休完，只要在计算周内累计计算即可。比如，司马懿在大学毕业后进入公司工作第二年，可以享有 3 个月医疗期。如果司马懿从 2013 年 1 月 1 日起第一次病休，那么他的医疗期计算周期为 6 个月，故司马懿可以在 1 月 1 日至次年 6 月 30 日期间累计病休 3 个月。在司马懿累计病休满 3 个月后，再次向公司申请休病假时，因为新的病假已经不在医疗期内，也就不受法律保护，公司此时就有权考虑与司马懿解除劳动关系。

（二）特殊医疗期

是否所有疾病的医疗期间都是一样？答案是否定的。根据《关于贯彻〈企业职工患病或非因工负伤医疗期规定〉的通知》（劳部发〔1995〕236 号）文件规定，对某些患特殊疾病（如癌症、精神病、瘫痪等）的职工，在 24 个月内尚不能痊愈的，经企业和劳动主管部门批准，可以适当延长医疗期。

（三）病假期间是否需要发放工资

病假期间发工资吗？我们再举个简单例子。赵子龙月工资 3500 元，因为生病向西蜀公司请了 10 天病假。赵子龙病好回来上班发现 10 天的工资被扣掉了。公司的此种操作是否合理？

首先要明确用人单位能否不发放员工病假期间的工资？我国法律明确规定，在职工患病期间，用人单位应按照劳动合同的约定向职工支付病假工资；劳动合同没有约定的，按照规章制度支付病假工资。但是，如果没有约定也没有规章制度如何处理？

原劳动部《关于贯彻执行〈中华人民共和国劳动法〉若干问题的意见》第五十九条规定：职工患病或非因工负伤治疗期间，在规定的医疗期内由企业按有关规定支付其病假工资或疾病救济费，病假工资或疾病救济费可以低于当地最低工资标准支付，但不能低于最低工资标准的80%。注意，这里的标准是“当地最低工资”，而不是劳动者的实发工资。

很显然，在职工请假的这段时间，用人单位未支付职工病假工资的做法是违法的。因此，如果劳动者日后请病假再遇到类似的情况时，一定要增强法律意识，懂得维护自己的合法权益。

普法提示

上文中，我们对医疗期和病假的问题进行了延伸解读，但劳动者享受医疗期福利的前提是确实处于疾病状态。如果像司马懿一样是泡病假，法律对此并不予以保护。如上所述，“泡病假”的问题是劳动者的病休权和用人单位的病假管理权之间的冲突，我们一方面要保护劳动者的基本权利，另一方面要维护用人单位的长期发展，因此，如何在二者之间寻找平衡点是解决问题的关键。

（一）对劳动者的建议

对于劳动者而言，首先，要诚实出具病假证明。如果劳动者生病了，应当去正规医院由就诊医院出具正式的诊断证明书或病假证明书，由具有执业资格的医师确定病假期间。其次，申请病假需合规。实践中，多数劳动争议案件中均涉及请假方式是否符合用人单位的规章制度，也就是请假程序问题。劳动者作为在劳资关系中处于弱势的一方，应当加强保存证据的意识，如保留病假证明复印件、通过快递方式邮寄病假证明等。当然，像本案中司马懿这样伪造假条的行为，是万万不可取的。

（二）对用人单位的建议

在“泡病假”的问题上，对用人单位而言，制度不是万能的，但没有制度是万万不能的。第一，公司完善内部规章制度约束。公民的休息权受到法律保护，但用人单位同样也有权对员工休息权的申请设置相应的程序，可以在内部规章制度中详细列明请病假的手续。除了请病假审批制度的设置，内部规章制度中也需要将请假审批与违纪处分进行挂钩安排，当员工确实存在“泡病假”等行为时，公司可以有所依据地对其进行违纪处分。第二，用人单位可以要求员工提供与病假内容相关的所有就诊证明文件。为了验证员工病假的真实性，当公司收到员工的病假申请后，可以提示员工向公司提供用以证明疾病真实性的相关文件，比如病历卡、就诊记录、挂号单等。实践中，公司内部规章制度中明确约定了病假的申请流程、证明材料及惩罚措施时，如果员工想要“泡病假”，公司可在源头上予以制止，直接不予批准病假。第三，调查员工在“泡病假”期间的动向。如果公司判断员工属于“泡病假”情形，则可以通过各种灵活的途径，自行调查员工在长期病假期间的动向，如是否外出度假等。第四，定期探访生病员工。一方面起到了关爱员工了解病情的作用，另一方面又体现了公司的人文关怀。对于有人情味的公司，员工也会理解并积极配合工作。

回望病假制度的设计初衷，是基于法律对辛勤工作劳动者的体恤与保护，公司也并非“周扒皮”，对于劳动者的正常疾病休息会给予尊重与关怀。但是，当遇到投机“泡病假”员工，公司当然有权也应当拿出应对之策与之周旋。只有这样，才能既保障劳动者的基本权利，又能促进公司的长期发展。

案例七

社会保险

——不容忽视的基本权利

王兵莹[①]

求职时常说的“五险一金”到底是什么？对于劳动者来说“五险一金”到底有多重要？社会保险是隐性的重要福利，是劳动者权利的基本保障之一，却常常因为其不是“显而易见”的利益而被忽略，下面，通过一个案例为您详细介绍。

案情回顾

2016年6月，白浅浅入职新世纪公司，与新世纪公司签订了期限为3年的固定期限劳动合同，担任秘书一职，月工资5000元。工作几个月后，白浅浅发现公司始终没有为自己缴纳社会保险。白浅浅多次找公司提出缴纳社会保险的要求，公司均以各种理由推脱。白浅浅一气之下向劳动人事争议仲裁委员会提起仲裁，要求单位为其补缴社会保险。仲裁委员会称白浅浅的申请不属于劳动人事争议仲裁的受案范围，给白浅浅出具了不予受理通知书。白浅浅又起诉至法院，要求单位为其缴纳社保。法院告知白浅浅，她的诉讼请求不属于人民法院劳动争议的受案范围，应当去找社保部

① 北京市西城区人民法院民七庭法官。

门要求责令用人单位依法补缴。

白浅浅又工作了几个月，一直到2017年3月，公司仍没有为自己缴纳社保，白浅浅向公司提交了辞职信，以未交社保为由单方提出解除劳动合同。公司接受了白浅浅的辞职，但是没有给白浅浅任何经济补偿。白浅浅又一次向劳动人事争议仲裁委员会提起仲裁，要求公司向自己支付经济补偿金，劳动人事争议仲裁委员会经过审理，裁决新世纪公司向白浅浅支付解除劳动合同经济补偿金5000元。新世纪公司不服仲裁裁决，认为是白浅浅自己提出的辞职，为何公司仍要支付经济补偿金，新世纪公司起诉至人民法院，请求无须支付经济补偿金。法院经审理后判决，新世纪公司向白浅浅支付解除劳动合同经济补偿金5000元。

法理分析

《劳动法》第三条规定，劳动者享有平等就业和选择职业的权利、取得劳动报酬的权利、休息休假的权利、获得劳动安全卫生保护的权利、接受职业技能培训的权利、享受社会保险和福利的权利、提请劳动争议处理的权利以及法律规定的其他劳动权利。可见，国家在劳动法中以原则性的条款确定了享受社会保险和福利是劳动者的基本权利。

《社会保险法》正式施行，其中第五十七条规定，用人单位应当自成立之日起30日内凭营业执照、登记证书或者单位印章，向当地社会保险经办机构申请办理社会保险登记。社会保险经办机构应当自收到申请之日起15日内予以审核，发给社会保险登记证件。用人单位的社会保险登记事项发生变更或者用人单位依法终止的，应当自变更或者终止之日起30日内，到社会保险经办机构办理变更或者注销社会保险登记。第六十条第一款规定：用人单位应当自行申报、按时足额缴纳社会保险费，非因不可抗力等法定事由不得缓缴、减免。职工应当缴纳的社会保险费由用人单位代扣代缴，用人单位应当按月将缴纳社会保险费的明细情况告知本人。从以上法律条文可以看出，依法为员工缴纳社会保险，是用人单位必须履行的法定义务。

然而为什么白浅浅第一次诉讼时，要求单位为其缴纳社会保险，仲裁委员会和法院都不予受理呢？首先还是因为《社会保险法》对此作了明确的规定。《社会保险法》第六十三条规定：用人单位未按时足额缴纳社会保险费的，由社会保险费征收机构责令其限期缴纳或者补足。用人单位逾期仍未缴纳或者补足社会保险费的，社会保险费征收机构可以向银行和其他金融机构查询其存款账户；并可以申请县级以上有关行政部门作出划拨社会保险费的决定，书面通知其开户银行或者其他金融机构划拨社会保险费。用人单位账户余额少于应当缴纳的社会保险费的，社会保险费征收机构可以要求该用人单位提供担保，签订延期缴费协议。可见，责令及强制用人单位缴纳社保的职责属于社会性质管理范畴，劳动者可以直接去社会保险费征收机构申请执行，并不需要通过司法途径解决。而仲裁机构和法院不予受理也是为了明确各机构的职责范围，避免出现职权的混乱。

白浅浅因为单位未及时为自己缴纳社保而提出辞职，为何法院支持了白浅浅，要求单位支付解除劳动合同经济补偿金呢？《劳动合同法》第三十八条规定："用人单位有下列情形之一的，劳动者可以解除劳动合同：（一）未按照劳动合同约定提供劳动保护或者劳动条件的；（二）未及时足额支付劳动报酬的；（三）未依法为劳动者缴纳社会保险费的；（四）用人单位的规章制度违反法律、法规的规定，损害劳动者权益的；（五）因本法第二十六条第一款规定的情形致使劳动合同无效的；（六）法律、行政法规规定劳动者可以解除劳动合同的其他情形。"

同时《劳动合同法》第四十六条第一项又规定，劳动者依据本法第三十八条规定解除劳动合同的，用人单位应向劳动者支付经济补偿。因此白浅浅有权以未缴纳社会保险为理由向新世纪公司提出解除劳动关系，并且新世纪公司仍需向白浅浅支付解除劳动合同经济补偿金。对于经济补偿的计算方法，《劳动合同法》第四十七条也作出了明确规定："经济补偿按劳动者在本单位工作的年限，每满一年支付一个月工资的标准向劳动者支付。六个月以上不满一年的，按一年计算；不满六个月的，向劳动者支付半个月工资的经济补偿。劳动者月工资高于用人单位所在直辖市、设区的市级人民政府公布的本地区上年度职工月平均工资三倍的，向其支付经济补偿的标准按职工月平均工资三倍的数额支付，向其支付经济补偿的年限最高不超过十二年。本条所称月工资是指劳动者在劳动合同解除或者终止前十二个月的平均工资。"白浅浅在新世纪公司工作已满 6 个月，不满 1 年，离职前 12 个月的平均工资是每月 5000 元。因此法院据此判决新世纪公司向白浅浅支付经济补偿金 5000 元。

知识拓展

社会保险是社会保障制度的一个最重要的组成部分。社会保险是指国家通过立法强制建立社会保险基金，对参加劳动关系的劳动者在丧失劳动能力或失业时给予必要的物质帮助的制度。社会保险的一个重要特点就是不以营利为目的。社会保险主要是通过筹集社会保险基金，在一定范围内对社会保险基金实行统筹调剂，在劳动者遭遇劳动风险时给予必要的帮助，社会保险对劳动者提供的是基本生活保障，只要劳动者符合享受社会保险的条件，即或者与用人单位建立了劳动关系，或者已按规定缴纳各项社会保险费，就可享受社会保险待遇。

对于很多职场新人来说，"五险一金"这个词听着耳熟，但是对其具体含义和重要性却没有充分的认识。在签订劳动合同时，大家往往更关注月薪、前景以及工作条件等。下面，我为大家详细解释一下什么是“五险一金”，以及社会保险为何是我们不可忽视的一项基本权利。

首先，大家要明确一点，用人单位为劳动者缴纳社会保险不是一项“福利政策”，而是只要双方劳动关系一建立，用人单位必须履行的法定义务。这里的劳动关系不仅是指形式上签订劳动合同，也包括没有签订劳动合同而已经建立了事实劳动关系。《劳动法》第七十二条规定：用人单位和劳动者必须依法参加社会保险，缴纳社会保险费。而我们平时所说的“五险一金”就是用人单位给予劳动者几种保障性待遇的合称。“五险”包括养老保险、医疗保险、失业保险、工伤保险和生育保险，“一金”是指住房公积金。按期缴纳“五险一金”，劳动者可以享受医疗报销、生育报销、工伤报销，如果失业可以领取失业金，退休后可以领取养老金。买房子时可以提取公积金并办理公积金贷款。

一般而言，“五险一金”缴费是同样的基数，单位和个人承担不同比例，个人缴纳的数额越多，单位承担的就越多。有些人认为“五险一金”根本不重要，不缴或者少缴“五险一金”，个人被扣除的部分就少，到手的工资就多。在这里要提醒大家，切不可因为小利而造成更大的隐患。

普法提示

那么，“五险一金”究竟是什么呢，接下来结合法律法规，一一为您详解。

1. 养老保险

养老保险的缴费比例如何？养老保险是五险中缴费比例最高的险种。以北京地区为例，单位缴纳 19%，个人缴纳 8%，单位缴纳的纳入统筹基金中，个人缴纳的纳入个人账户中。退休后的职工每月都可以领取一笔养老金，养老金的金额每年都会调整。养老金的金额与以下因素有关，一是本省在岗职工上年度的平均工资；二是劳动者工作期间的社保缴费基数；三是劳动者的工作年限。也就是说，社保缴费基数越高，工作年限越长，退休后可以领取的养老金数额就越高。很多人认为社保缴费基数就是劳动者的月工资，其实在现实生活中不是这样，这两者往往不统一。很多单位不是按照劳动者的实际收入作为缴费基数，有些单位是以本地最低工资为基数缴纳社保的，因此退休后的养老金数额严格意义上来说不是与工资数额相关，而是与社保缴费基数相关。养老保险是劳动者退休后的一项重要保障，也逐渐被劳动者所重视。

养老保险需要缴纳多少年？参加基本养老保险的个人，达到法定退休年龄时累计缴费满 15 年的，按月领取基本养老金。参加基本养老保险的个人，达到法定退休年龄时累计缴费不足 15 年的，可以缴费至满 15 年，按月领取基本养老金；也可以转入新型农村养老保险或者城镇居民社会养老保险，按照国务院规定享受相应的养老保险待遇。那么，养老保险缴费满 15 年就不用再缴费了吗？不是的。“养老保险缴费满 15 年”是办理退休并享受按月领取养老金待遇的必要条件之一，缴费时间越长，退休后能领取的退休金金额就越多。如果劳动者达到退休年龄时，养老保险缴费年限不足 15 年的，养老保险个人账户里储存的金额会一次性支付给劳动者，同时终止养老保险关系，不再按月支付养老金。

2. 医疗保险

医疗保险也是由单位和个人共同缴纳。同样以北京市为例，单位的缴费比例是 10%，个人的缴费比例是 2%。个人缴纳的医疗保险费，全部记入个人账户。单位缴纳的医疗保险费，拿出其中的一部分按职工不同年龄段分别划入个人账户，其余部分作为医疗保险统筹基金。个人账户的资金由三部分组成：一是职工本人缴纳的部分；二是单位缴费中划入的部分，45 周岁以下的（含 45 周岁）从单位缴费中按本人工资额 1% 划入，45 周岁以上的按 1.5% 划入，退休人员按养老金的 4.2% 划入。

3. 失业保险

失业保险费同样由单位和职工个人共同缴纳。也是按照缴费基数进行缴纳。仍以北京为例，单位缴费比例为 0.8%，个人缴费比例为 0.2%。要领取失业保险金，失业者需满足以下几个条件：一是按规定参加失业保险，所在单位和本人已按照规定履行缴费义务满 1 年；二是非因本人意愿中断就业，这其中包括被单位开除、除名和辞退的、解除劳动合同等情况；三是已办理失业登记，并有求职要求。失业保险可以保障劳动者在失业后享受几项待遇：一是失业保险金有保障，失业保险金的标准由省、自治区、直辖市人民政府确定，不得低于城市居民最低生活保障标准；二是失业人员在领取失业保险金期间，参加职工基本医疗保险，享受基本医疗保险待遇。失业人员应当缴纳的基本医疗保险费从失业保险基金中支付，个人不缴纳基本医疗保险费；三是领取失业保险金期间，如果女性生育，可以享受女性失业人员生育补助金，领取失业保险金期间死亡的失业人员享受丧葬补助金；四是失业人员在领取失业保险金期间可免费享受职业培训。

但是值得注意的是，失业保险金的领取有一定的期限，累计缴费时间满 1 年不满 5 年的，领取失业金的期限最长为 12 个月；累计缴费时间满 5 年不满 10 年的，领取失业金的期限最长为 18 个月；累计缴费时间满 10 年以上的，领取失业保险金的期限最长为 24 个月；重新就业后再次失业的，缴费时间重新计算，领取失业金的期限应当与前次失业尚未领取的失业保险金的期限合并计算，但最长不得超过 24 个月。

4. 工伤保险

职工因工作遭受事故伤害或者患职业病进行治疗，享受工伤医疗待遇。国家对于劳动者工伤的认定和治疗都有详细的规定，有一定的限制，不是任何机构都可以认定工伤，受了工伤后也不是到任何一家医疗机构治疗都可以享受工伤保险待遇。职工治疗工伤应当在签订服务协议的医疗机构就医，情况紧急时可以先到就近的医疗机构急救。工伤保险诊疗项目目录、工伤保险药品目录、工伤保险住院服务标准，由国务院劳动保障行政部门会同国务院卫生行政部门、药品监督管理部门等部门规定。工伤保险费按照保险基数进行缴纳，由用人单位全额缴纳。

哪些情况可以认定为工伤呢？（1）在工作时间和工作场所内，因工作原因受到事故伤害的；（2）工作时间前后在工作场所内，从事与工作有关的预备性或者收尾性工作受到事故伤害的；（3）在工作时间和工作场所内，因履行工作职责受到暴力等意外伤害的；（4）患职业病的；（5）因工外出期间，由于工作原因受到伤害或者发生事故下落不明的；（6）在上下班途中，受到机动车事故伤害的；（7）法律、行政法规规定应当认定为工伤的其他情形。还有一些情形是视同工伤：（1）在工作时间和工作岗位，突发疾病死亡或者在48小时之内经抢救无效死亡的；（2）在抢险救灾等维护国家利益、公共利益活动中受到伤害的；（3）职工原在军队服役，因战、因公负伤致残，已取得革命伤残军人证，到用人单位后旧伤复发的。第三种情形，按照有关规定享受除一次性伤残补助金以外的工伤保险待遇。

而要提醒大家注意的是，以下三种情形不能认定为工伤：因犯罪或者违反治安管理伤亡的；醉酒导致伤亡的；自残或者自杀的。

5. 生育保险

生育保险费也是按照保险基数进行缴纳，由公司全额缴纳。劳动者享受生育保险能够有哪些好处呢？女职工可以享受产假期间的生育津贴；生育津贴为本人上年度月平均缴费工资除以30天乘以产假天数。女职工生育发生的医疗费用由保险承担，包括女职工因怀孕、生育发生的检查费、接生费、手术费、住院费、药费和治疗费。职工实施计划生育手术发生的医疗费用及国家规定与生育保险有关的其他费用均无须劳动者本人承担。

6. 住房公积金

住房公积金，是指国家机关、国有企业、城镇集体企业、外商投资企业、城镇私营企业及其他城镇企业、事业单位、民办非企业单位、社会团体及其在职职工缴存的长期住房储金。住房公积金由两部分组成，一部分由职工所在单位缴存，另一部分由职工个人缴存。职工个人缴存部分由单位代扣后，连同单位缴存部分一并缴存到住房公积金个人账户内。住房公积金制度一经建立，职工在职期间必须不间断地按规定缴存，除职工离职退休或发生《住房公积金管理条例》规定的其他情形外，不得中止和中断。职工和单位住房公积金的缴存比例均不得低于职工上一年度月平均工资的5%，职工住房公积金月缴存额为职工本人住房公积金缴存基数乘以职工住房公积金缴存比例，并由所在单位每月从其工资中代扣代缴。

用人单位负有自行申报按时足额缴纳社会保险费的法定责任，劳动者应当缴纳的社会保险费由用人单位代扣代缴。用人单位与劳动者约定工资中包括社会保险费，而不向社会保险经办机构缴纳社会保险费的行为无效。社会保险是劳动者不能忽视的一项基本权利，关系着劳动者生活和发展的各方面保障，在司法实践中，若劳动者仅是要求单位为其足额缴纳社会保险，一般直接向社保机构反映即可，此类案件不是法院劳动争议的受案范围。对社会保险有了初步的认识后，希望各位劳动者在求职过程中能够更清楚地认识到自己所享有的权利，为自己的职业发展保驾护航。

案例八

带薪年休假

——谁动了我的年休假

王兵莹[①]

今年，您的年休假休了吗？您有几年为了工作放弃年休假了？您是否知道，放弃年休假，单位应当向您支付相应的补偿？相信很多上班族都会觉得，在这个竞争激烈的社会，没有年休假是普遍的现象，可您是否意识到，年休假是您的法定权利，不可轻易剥夺。

案情回顾

白浅浅 2015 年 7 月入职了新世纪公司，担任文秘职务，每月工资 5000 元。入职后，白浅浅一直尽职工作，2017 年 6 月 30 日，因为单位没有及时缴纳社保的原因，白浅浅从新世纪公司离职。在此之前，白浅浅已经找好了新的单位工作。2017 年 7 月 1 日，白浅浅入职大通公司，任职前台接待，月薪 6000 元，在大通公司工作到 2017 年年底，白浅浅考虑回家乡发展，故决定在大通公司工作到 2017 年 12 月 31 日就离职。在做离职交接时，白浅浅与公司结清了工资及其他福利，随后白浅浅想到，自己从没有休过年休假，要求大通公司结算带薪年休假工资。大通公司拒绝了

① 北京市西城区人民法院民七庭法官。

白浅浅的要求，告知白浅浅，由于白浅浅工作没有满 1 年，按照公司的规章制度，工作未满 1 年的员工不能享受带薪年休假。白浅浅只得向劳动人事争议仲裁委员会申请仲裁，要求大通公司支付 2017 年度未休年假工资，白浅浅认为自己应当享受 5 天年休假，大通公司应向自己支付未休年休假工资 2758.62 元。经过仲裁后，白浅浅向法院提起诉讼，要求大通公司支付自己未休年休假工资 2758.62 元。法院经过审理，判决大通公司向白浅浅支付 2 天的带薪年休假工资 1103.45 元。

法理分析

在白浅浅追索未休年假工资的案件中，法院作出判决的法律依据包括《劳动法》第四十五条的规定：国家实行带薪年休假制度。劳动者连续工作 1 年以上的，享受带薪年休假。具体办法由国务院规定。更为具体的是《职工带薪年休假条例》，其中第二条规定：机关、团体、企业、事业单位、民办非企业单位、有雇工的个体工商户等单位的职工连续工作 1 年以上的，享受带薪年休假（以下简称年休假）。单位应当保证职工享受年休假。职工在年休假期间享受与正常工作期间相同的工资收入。第三条对年休假的期限作了规定：职工累计工作已满 1 年不满 10 年的，年休假 5 天；已满 10 年不满 20 年的，年休假 10 天；已满 20 年的，年休假 15 天。白浅浅于 2015 年 7 月入职，到 2016 年 7 月已经累计工作满 1 年，应当享受每年 5 天的年休假。

至于大通公司的抗辩意见，因白浅浅在大通公司工作未满 1 年因此不能享受年休假，人力资源和社会保障部于 2008 年颁布实施的《企业职工带薪年休假实施办法》第四条对此作出了明确规定：年休假天数根据职工累计工作时间确定。职工在同一或者不同用人单位工作期间，以及依照法律、行政法规或者国务院规定视同工作期间，应当计为累计工作时间。那么白浅浅应该可以享受每年 5 天的年休假，为何法院判决大通公司只需支付白浅浅 2 天的未休年假工资呢？《企业职工带薪年休假实施办法》第十二条对此作出了明文规定：用人单位与职工解除或者终止劳动合同时，当年度未安排职工休满应休年休假的，应当按照职工当年已工作时间折算应休未休年休假天数并支付未休年休假工资报酬，但折算后不足 1 整天的部分不支付未休年休假工资报酬。前款规定的折算方法为：（当年度在本单位已过日历天数 ÷365 天）× 职工本人全年应当享受的年休假天数－当年度已安排年休假天数。用人单位当年已安排职工年休假的，多于折算应休年休假的天数不再扣回。白浅浅 2017 年 7 月 1 日入职大通公司，2017 年 12 月 31 日离职，在大通公司实际工作天数是 184 天，按照规定折算后白浅浅应享受 2 天的带薪年休假。

知识拓展

从刚才所讲的案例中，我们可以总结出关于年休假的四个基础知识点：一是初入职员工，享受带薪年休假需连续工作满 1 年以上；二是连续工作满 1 年再次入职新单位，可享受带薪年休假；三是未安排职工年休假，应当支付职工 300% 的工资报酬；四是劳动者主动提出离职，用人单位应支付未休年假工资。

《劳动法》第四十五条规定：国家实行带薪年休假制度。可见，带薪年休假与社会保险一样是劳动者的法定权利，只要员工与用人单位建立了劳动关系，并且符合连续工作 1 年以上的基本要求，就能够享受法定的带薪年休假，不管用人单位的规章制度中是否有规定，甚至用人单位的规章制度中规定员工不享受带薪年休假或者其他附加条件，都不能剥夺劳动者的这一法定权利。休息权是宪法规定的公民权利，劳动者应当平等享有。如果劳动者确实因为工作需要不能休带薪年休假，为了保障劳动者的权益，法律法规规定单位除正常支付工资收入外，还要支付相应的补偿。具体而言是按照300%支付劳动者工资。简单举例来说，如果白浅浅依法享受每年5天的带薪年休假，她的日工资是300元，白浅浅没有休年休假，单位应当在白浅浅应当享受带薪年休假的5天的时间按照300%的标准向其支付工资。而单位只是按照正常的工资标准向白浅浅支付工资，就是没有足额支付，还应当补齐白浅浅的工资差额，即300元 ×5天 ×200%=3000元。

关于年休假，还有几个问题容易产生认识误区。劳动者若不了解，很容易丧失部分休假权利。

第一个问题，“职工连续工作满12个月以上的享受带薪年休假”，其中“连续工作满12个月以上”应当如何理解？职工在本用人单位连续工作满12个月以上，或本用人单位工作经历与此前工作经历连续计算满12个月以上，或在新进本用人单位之前曾有连续工作满12个月以上的工作经历，均可在本用人单位当年按照《企业职工带薪年休假实施办法》第五条之规定享受对应的带薪年休假天数。理由如下：第一，《职工带薪年休假条例》《企业职工带薪年休假实施办法》未限定“连续工作满12个月以上”必须与本用人单位的工作经历相关，且《人力资源和社会保障部办公厅关于〈企业职工带薪年休假实施办法〉有关问题的复函》也明确“连续工作满12个月以上”并不局限于一个用人单位；第二，带薪年休假制度的设立旨在保障职工的休息权，是在考虑职工累积工作时间的基础上对职工作出的补偿，这种补偿由全社会的用人单位来承担，当前职工带薪年休假权利被侵犯的情形仍较为常见，从宽掌握有利于职工实现其权益；第三，审判实践中操作较为简便，职工通过劳动合同、社保缴费记录、档案记载、入职和离职手续等证据材料证明其已“连续工作满12个月以上”，可按照《企业职工带薪年休假实施办法》第五条之规定计算当年的年休假天数。

第二个问题，已经休了产假、探亲假等，是否还能享受带薪年休假？根据《企业职工带薪年休假实施办法》第六条规定：职工依法享受的探亲假、婚丧假、产假等国家规定的假期以及因工伤停工留薪期间不计入年休假假期。《职工带薪年休假条例》第四条明确规定了不享受当年年休假的情形：（1）职工依法享受寒暑假，其休假天数多于年休假天数的；（2）职工请事假累计 20 天以上且单位按照规定不扣工资的；（3）累计工作满 1 年不满 10 年的职工，请病假累计 2 个月以上的；（4）累计工作满 10 年不满 20 年的职工，请病假累计 3 个月以上的；（5）累计工作满 20 年以上的职工，请病假累计 4 个月以上的。《企业职工带薪年休假实施办法》第七条是更为细致的规定：职工享受寒暑假天数多于其年休假天数的，不享受当年的年休假。确因工作需要，职工享受的寒暑假天数少于其年休假天数的，用人单位应当安排补足年休假天数。

举个案例给大家说明这个问题。

白浅浅的父亲白月光也遇到了年休假的问题，2008 年 7 月 1 日，白月光与中齐公司签订了劳动合同，合同期限到 2010 年 6 月 30 日终止。中齐公司是一家劳务派遣公司，与国泰集团签订有劳务派遣协议。签订劳动合同后，白月光被派遣至国泰集团，岗位为海外技术工作，白月光被派往乍得，从事电焊工岗位。在乍得工作期间，白月光月工资以美元发放，月工资不等。

2014 年 6 月 1 日起，国泰集团与中齐公司开始改为签订劳务外包服务合同，期限至 2015 年 5 月 31 日。服务合同中约定的服务内容为：“乙方作为服务方将根据甲方的需求，对甲方钻（修）井工程技术等提供服务。”合同价款暂估 650 万元人民币。服务合同后附有补充协议，其中约定：“管理费按照施工地点划分，按国内每人每月 200 元，国外每人每月 300 元核算。”之后国泰集团与中齐公司一直续签劳务外包服务合同至今。白月光在乍得工作期间，每工作 3 个月有 1 个月的时间可以回国倒休，倒休期间的工资约为正常工资的30%。

白月光于2015年3月底回国，2015年3月至2015年7月31日期间，国泰集团以倒休期间工资标准向白月光支付工资，2015年8月1日至2015年11月20日，中齐公司按照每天人民币50元的标准向白月光支付工资。

2015年11月20日，国泰集团向中齐公司发出退回函，内容为："……今年以来，受国际油价持续低迷影响，海外钻井市场严重萎缩，我公司钻机陆续等停，经营形势尤为严峻，大量员工回国待命，该状况持续时间未知。根据贵公司与我公司签订的《劳务外包合同》相关条款约定，我公司决定将部分劳务派遣人员退回贵公司（名单附后），望贵公司妥善处理好遣返人员后续事宜。"退回函后续名单中包括白月光。

同日，中齐公司向白月光发出解除劳动合同通知书，以客观情况发生重大变化为由解除了劳动合同。工资实际发放至该日。

白月光经过仲裁程序后起诉至法院，其中一项诉讼请求是要求国泰集团和中齐公司连带支付自己2008年7月1日至2015年11月20日未休年休假工资。法院经过审理后对该项诉讼请求进行判决，判决被告中齐公司向原告白月光支付2014年1月1日至2015年11月20日期间未休年假工资差额24836元。

再来看看白月光的情况。依据白月光与国泰集团、中齐公司均认可的事实，白月光在海外工作期间每工作三个月即可享受一个月的带薪倒休，倒休期间不按照正常工资标准发放工资，数额约为正常工作期间数额的30%左右。职工非因本人原因被用人单位安排休假或待岗一段时间，此期间用人单位未按正常工资标准支付工资的，劳动者仍有权享受带薪年休假。本案中，白月光主张2008年7月1日至2015年11月20日的未休年假工资，并向法院提交了社保缴费记录用以证明工作年限。依据社保缴费记录，白月光从2015年起可以享受10天年休假。

国泰集团在庭审中提出了时效抗辩，认为白月光的诉讼请求已经超过诉讼时效。劳动者要求用人单位支付其未休年假工资中法定补偿部分的仲裁时效应适用《劳动争议调解仲裁法》第二十七条之规定，时效期间为1年，从当事人知道或应当知道其权利被侵害之日起计算。考虑年休假可以集中、分段和跨年度安排的特点，劳动者每年未休年假应获得报酬的时间从第二年的12月31日起算，因此原告要求2008年7月1日至2013年12月31日的年休假请求已经超出诉讼时效，法院不予支持。依据《企业职工带薪年休假实施办法》，白月光2014年、2015年应当分别享受年休假5天、8天。法院据此对未休年假工作作出相应判决。

现实生活中，有些劳动者会非因自身原因，使得自己全年未实际工作的时间较长，用人单位往往会认为劳动者已经实际休息了很长时间，不应再享受年休假，而法律意义上并非如此。职工非因本人原因被用人单位安排休假或待岗一段时间，此期间用人单位未按正常工资标准支付工资的，原则上，此种情况下，职工仍可享受带薪年休假。原因在于《职工带薪年休假条例》第四条明确列明了职工不享受当年带薪年休假的五种情形，而职工非因本人原因被用人单位安排休假或待岗一段时间且用人单位未按正常工资标准支付工资的情形不在此列。但如职工被用人单位连续安排待岗或放长假1年以上的，应认定其无权再享受带薪年休假。

第三个问题，用人单位安排了劳动者休带薪年休假，但是劳动者没有休，是否意味着劳动者自动放弃了休带薪年休假的权利？根据《企业职工带薪年休假实施办法》第十条第一款规定：用人单位经职工同意不安排年休假或者安排职工年休假天数少于应休年休假天数，应当在本年度内对职工应休未休年休假天数，按照其日工资收入的300%支付未休年休假工资报酬，其中包含用人单位支付职工正常工作期间的工资收入。可见，用人单位安排了劳动者休年假，劳动者没有休的，用人单位在已经支付了正常工资的情况下，仍需另外支付2倍的工资。

再讲几个特殊职业的年休假问题。一类职业是船员，有特殊的规定。

《船员条例》第三十条第二款规定，船员除享有国家法定节假日的假期外，还享有在船舶上每工作2个月不少于5日的年休假。船员在带薪休假期间，船员所在的用人单位必须支付其不低于在船工作期间平均工资的报酬。

另一类职业是军人，军官服现役不满20年的，每年休假20天；满20年以上的每年休假30天；在常规动力舰艇、从事飞行工作的军官不论服现役多久，都是每年休假30天。另外，未婚军官每年可以探望父母一次，有30天的假期；已婚军官不和父母住一起的，每两年探望父母一次，每次20天。还有，如果军官是在西藏地区或者其他海拔3000米以上地区服现役的，不满20年每年休假60天，20年以上的每年休假70天，25年以上的每年休假80天。在海拔4500米以上的，每年的假期再增加10天。并且军人休假的实际天数不含往返的路途时间，不含国家法定节假日。

普法提示

现代社会，工作节奏越来越快，压力也越来越大，很多劳动者都是长期加班加点，就连基本的双休日都享受不了，更不要提年休假了。更有甚者，很多企业的企业文化就是不休年休假，普通劳动者为了工作的稳定或职业上进一步的发展，不敢向单位提出休带薪年休假。可是希望大家不要忽视自己的这一基本权利，一旦发生纠纷，劳动者可以通过法律手段捍卫自己的休假权。

作为劳动者，我们要做些什么去捍卫我们的休假权呢？首先，我们要能够提供证明自己工作年限的证据。具体来说，劳动者的工资支付记录、社保缴费记录、档案记载、离职和入职手续等均可以作为证明工作年限的证据。

要注意单位的待岗行为不能替代年休假。待岗与年休假根本不是同一个概念。法律规定，待岗时间未超过一个工资支付周期的，用人单位应当按照劳动合同约定的标准支付劳动者工资；超过一个工资支付周期的，经与劳动者协商一致，可以降低工资支付标准，但是不应低于当地最低工资标准的70%；协商不成的，双方可以解除劳动合同，用人单位按照规定支付经济补偿金。而休年假期间，劳动者即使没有实际工作，也能获得与日常工作期间相同的工资。

用人单位安排的外出旅游、培训等均不能代替年休假，单位以此来抗辩的，抗辩理由不成立，劳动者仍能享受带薪年休假。

有些劳动者入职多年，均没有享受过带薪年休假，向法院起诉时，要求单位支付多年的未休年休假工资，这种情况，用人单位应当对两年内已安排劳动者休年假或已向劳动者支付未休年休假工资的情况进行举证；如用人单位拒绝举证或举证不充分，则其应在两年内承担举证不能的不利后果。但超过两年的，由劳动者承担举证责任。上述两年期间，应自劳动者申请仲裁之日严格回溯两年。举个简单的例子，白浅浅的父亲白月光2010年1月1日入职甲公司，劳动关系一直存续，多年来白月光都没有休过年休假，2017年12月1日白月光申请仲裁，要求甲公司支付2010年至2017年未休年假工资。那么甲公司需对白月光2015年至2016年年休假情况进行举证，2010年至2014年白月光的年休假情况，举证责任在白月光。而2017年度，由于白月光仍在职，年休假可以跨年安排，故白月光要求支付2017年度未休年假工资的请求无法得到支持。

各位劳动者，通过我的简单介绍，相信您已经对自己的休假权有所了解，您可以选择休假，也可以选择放弃休假而获取经济补偿，希望能够对您有所帮助。

案例九

无固定期限劳动合同

——更为稳固的保障

王兵莹[①]

入职要签订劳动合同，已经逐渐成为每一个劳动者的普遍意识。劳动合同有不同的种类，符合一定条件时，单位与劳动者可以签订无固定期限劳动合同，对于劳动者来说，法律规定了无固定期限劳动合同，可以避免劳动者被用人单位随意地解除劳动关系，对劳动者来说是较为稳定的职业保障。是否建立无固定期限劳动关系，主动权也掌握在劳动者手中。深入了解无固定期限劳动合同，有助于劳动者在劳资关系中获得更多保障。

案情回顾

白浅浅于2005年4月4日入职甲餐饮公司，先后一共签订了4次劳动合同，期限分别为2005年4月4日至2007年4月3日、2007年4月4日至2009年4月3日、2009年4月4日至2014年4月3日、2014年4月4日至2016年4月3日。其中第2、3、4次签订的劳动合同约定的岗位均为管理岗，白浅浅从2014年起到离职前任职选址开发部。2016年

① 北京市西城区人民法院民七庭法官。

3 月中旬，甲餐饮公司向白浅浅发送了续订无固定期限劳动合同的通知，3 月 21 日，白浅浅填写回执函，同意续订无固定期限劳动合同，但因职位和薪酬未谈妥一直没有签订。2016 年 4 月 1 日，甲餐饮公司再次向白浅浅发出续订无固定期限劳动合同的通知，白浅浅仍然没有签订合同。4 月 3 日，甲餐饮公司与白浅浅终止了劳动合同。另查，2016 年 4 月 2 日为周六，2016 年 4 月 3 日为周日。白浅浅离职前 12 个月的平均工资为 9236.67 元。

后白浅浅向西城区劳动仲裁委员会申请仲裁，要求甲餐饮公司支付违法终止劳动合同赔偿金 176400 元。仲裁裁决甲餐饮公司向白浅浅支付违法终止劳动合同赔偿金 176400 元。甲餐饮公司不服仲裁裁决起诉至法院，要求不支付违法终止劳动合同赔偿金。

庭审中，甲餐饮公司主张，2016 年 3 月中旬，公司向白浅浅发送了续订无固定期劳动合同的通知，但是白浅浅提出岗位应该是经理岗，一直到 2016 年 4 月 1 日都没有签，4 月 2 日、4 月 3 日是法定休息日，所以公司在 4 月 1 日当天分别以当面通知、发送 OA、向白浅浅在北京和天津的住址分别寄送 EMS 邮件的形式通知白浅浅，如果不签订合同就将与白浅浅终止合同，但是白浅浅依旧没有签订，故公司认为与白浅浅终止合同是合法的。

白浅浅主张，2016 年 3 月 18 日，公司确实向自己发出续订无固定期限劳动合同的通知，自己同意续签。后人力资源部经理给了白浅浅两份空白合同，职务和薪酬均未约定，人力资源部说要调岗和调薪，自己与公司一直没谈妥，因此自己没有签订。其间白浅浅向人力资源部询问过，回复说正在请示。2016 年 4 月 1 日上午人力资源部找白浅浅，因为职位没有谈妥白浅浅还是拒绝了，下午收到 OA 通知，要求终止合同，其间没有收到其他形式的通知，后公司也发过 EMS。

法理分析

法院经审理认为，甲餐饮公司主张多次通知白浅浅续签无固定期劳动合同，因白浅浅一直拒绝导致合同终止。单位需对确因劳动者原因导致无法签订劳动合同进行举证。本案中，甲餐饮公司提交的续订劳动合同通知书回函显示，白浅浅明确同意与公司续订无固定期劳动合同，公司主张给白浅浅空白劳动合同，是以默示形式通知被告原合同职位与薪酬不变，但是白浅浅对工作岗位存在争议。用人单位与劳动者订立无固定期限劳动合同，对劳动合同的内容，双方应当按照合法、公平、平等自愿、协商一致、诚实信用的原则协商确定。单位向劳动者发出续订无固定期限劳动合同的要约，应以明示的方式与劳动者协商一致明确约定工作岗位与报酬等内容。在有争议的情形下，单位应举证说明单位提出了维持或提高劳动合同约定条件续订劳动合同，而劳动者依然拒绝签订，才可认定单位是合法终止劳动关系。故法院认定甲餐饮公司终止劳动合同的行为系违法终止。依据《劳动合同法》第四十八条规定："用人单位违反本法规定解除或者终止劳动合同，劳动者要求继续履行劳动合同的，用人单位应当继续履行；劳动者不要求继续履行劳动合同或者劳动合同已经不能继续履行的，用人单位应当依照本法第八十七条规定支付赔偿金。"对甲餐饮公司的诉讼请求法院最终没有支持。

知识拓展

无固定期限劳动合同，是指用人单位与劳动者约定无确定终止时间的劳动合同。这里所说的无确定终止时间，是指劳动合同没有一个确切的终止时间，劳动合同的期限长短不能确定，但并不是没有终止时间。只要没有出现法律规定的条件或者双方约定的条件，双方当事人就要继续履行劳动合同规定的义务。一旦出现了法律规定的情形，无固定期限劳动合同也同样能够解除。

由于缺乏对无固定期限劳动合同制度的正确认识，不少人认为无固定期限劳动合同一经签订就不能解除。因此，很多劳动者认为签订了无固定期限劳动合同就有了终身保障，有了打不破的“铁饭碗”，而有些用人单位则想方设法逃避签订无固定期限劳动合同的法律义务。

其实，签订无固定期限的劳动合同，对于用人单位来说，不会成为终身包伏，对于劳动者来说，也不会成为“铁饭碗”。在现行法律框架下，无固定期限的劳动合同与固定期限的劳动合同一样可以变更或解除，其不同点仅仅在于是否约定了终止劳动合同的时间。签订无固定期限劳动合同的优势在于，订立了无固定期限的劳动合同，劳动者可以长期在一个单位或部门工作。这种合同适用于工作保密性强，技术复杂，工作又需要保持人员稳定的岗位。这类合同对于用人单位来说，有利于维护其经济利益，减少频繁更换关键人员带来的损失。对于劳动者来说，也有利于实现长期稳定职业，钻研业务技术。因此无固定期限劳动合同设立的初衷，是为了用人单位和劳动者双方都能获益，建立更为和谐稳定的劳动关系。

按照我国《劳动合同法》规定，订立无固定期限劳动合同有两种情形。

第一种情形，用人单位与劳动者协商一致，可以订立无固定期限劳动合同。根据劳动合同法规定，订立劳动合同应当遵循平等自愿、协商一致的原则。只要用人单位与劳动者协商一致，没有采取胁迫、欺诈、隐瞒事实等非法手段，符合法律的有关规定，就可以订立无固定期限劳动合同。

第二种情形，在法律规定的情形出现时，劳动者提出或者同意续订劳动合同的，应当订立无固定期限劳动合同。无固定期限合同一经签订，双方就建立了一种相对稳固和长远的劳动关系，只要不出现法律规定的条件或者双方约定的条件，劳动合同就不能解除。因此，法律对无固定期限劳动合同的签订条件作了严格的规定，当事人一方并不能随意地要求签订或者拒绝签订无固定期限劳动合同。

在这种情形中，符合法律规定的条件，在劳动者主动提出续订劳动合同或者用人单位提出续订劳动合同劳动者同意的情况下，就应当订立无固定期限劳动合同。由此可见，续订劳动合同的主动权掌握在劳动者手中，无论用人单位是否同意续订劳动合同，只要劳动者提出，用人单位就必须续订，而且是订立无固定期限劳动合同。如果用人单位提出续订劳动合同，劳动者则有权不同意续订劳动合同。劳动者同意的，就应当订立无固定期限劳动合同。

劳动合同法中法律规定的情形有如下三种：

1. 劳动者已在该用人单位连续工作满 10 年的。具体是指劳动者与同一用人单位签订的劳动合同的期限不间断达到 10 年。如有的劳动者在用人单位工作 5 年后，离职到别的单位去工作了两年，然后又回到了这个用人单位工作 5 年。虽然累计时间达到了 10 年，但是劳动合同期限有所间断，不符合在“该用人单位连续工作满 10 年”的条件。劳动者工作时间不足 10 年的，即使提出订立无固定期限劳动合同，用人单位也有权不接受。法律作这样的规定，主要是为了维持劳动关系的稳定。如果一个劳动者在该用人单位工作了 10 年，就能说明他已经能够胜任这份工作，而用人单位的这个工作岗位也确实需要保持人员的相对稳定。在这种情况下，如果劳动者愿意，用人单位应当与劳动者订立无固定期限劳动合同，维持较长的劳动关系。而根据《劳动合同法实施条例》第十一条规定，除劳动者与用人单位协商一致的情形外，劳动者依照《劳动合同法》第十四条第二款的规定，提出订立无固定期限劳动合同的，用人单位应当与其订立无固定期限劳动合同。对劳动合同的内容，双方应当按照合法、公平、平等自愿、协商一致、诚实信用的原则协商确定；对协商不一致的内容，依照《劳动合同法》第十八条的规定执行。

在现实生活中，我们还会遇到一种情况，如果劳动者与用人单位劳动关系存续的期间由于客观原因导致超过 10 年，用人单位是否必须与劳动者签订劳动合同。

先来看法律的规定,《劳动合同法》第四十五条规定：劳动合同期满，有本法第四十二条规定情形之一的，劳动合同应当续延至相应的情形消失时终止。而第四十二条规定：劳动者有下列情形之一的，用人单位不得依照本法第四十条、第四十一条的规定解除劳动合同：（1）从事接触职业病危害作业的劳动者未进行离岗前职业健康检查，或者疑似职业病病人在诊断或者医学观察期间的；（2）在本单位患职业病或者因工负伤并被确认丧失或者部分丧失劳动能力的；（3）患病或者非因工负伤，在规定的医疗期内的；（4）女职工在孕期、产期、哺乳期的；（5）在本单位连续工作满 15 年，且距法定退休年龄不足 5 年的；（6）法律、行政法规规定的其他情形。如果劳动者具备以上法定事由，事由结束时劳动关系已经超过 10 年，单位并不具有必须与劳动者签订无固定期限劳动合同的义务。

首先，劳动者与用人单位因为出现了《劳动合同法》第四十二条规定的法定事由而续延超过 15 年，是否能够全部认定为“同一用人单位连续工作时间”。国家法律法规对“同一用人单位连续工作时间”有过规定，原劳动部办公厅《对〈关于如何理解“同一用人单位连续工作时间”和“本单位工作年限”的请示〉的复函》中规定，“同一用人单位连续工作时间”指劳动者与同一用人单位保持劳动关系的时间，在计算“同一用人单位连续工作时间”时，不应扣除劳动者依法享有的医疗期时间。从该规定可以看出，立法者的本意是将客观事由排除在“同一用人单位连续工作时间”之外的，因此《劳动合同法》第四十二条规定的法定事由持续的时间不应计入在“同一用人单位连续工作时间”。其次，因法定事由的出现而延续的劳动关系存续期间中，劳动者与用人单位之间并非出于合意而建立的以提供劳动为内容的合同关系，而是法律强制规定的不可解除事项，故如果超过 10 年，不宜认定为符合签订无固定期限劳动关系的条件。

2. 用人单位初次实行劳动合同制度或者国有企业改制重新订立劳动合

同时，劳动者在该用人单位连续工作满10年且距法定退休年龄不足10年的。劳动合同制是以签订劳动合同的形式，明确规定用工单位和劳动者双方的权利、责任、利益，把用工与经济责任制相结合的一种新的用工制度。

1986年7月，我国决定改革国有企业的劳动用工制度，自1986年10月1日起，国有企业在新招收工人中普遍推行劳动合同制。随着劳动合同法的施行，劳动合同制度在各类企业当中广泛推行。

国有企业改制在20世纪80年代中期开始，在20世纪90年代成为国有企业改革的核心内容。企业通过改变企业形态，改变企业股权结构，改变企业的基本制度，转变为符合自身特点的企业资产组织形式。在推行劳动合同制度前，或是在国有企业进行改制前，用人单位的有些职工已经在本单位工作了很长时间。推行新的制度以后，很多老职工难以适应这种新型的劳动关系，一旦让其进入市场，确实存在着竞争力弱、难以适应的问题，年龄的局限又使其没有充足的条件来提高改进，应当说这是由于历史的原因造成的。他们担心的不仅是能否与原单位签订劳动合同的问题，还存在着虽然签了劳动合同但期限很短，在其尚未退休前合同到期却没有用人单位再与其签订劳动合同的问题。我们在制定法律和政策的同时，应当考虑那些给国家和企业作出过很多贡献的老职工的利益。

因此，对于已在该用人单位连续工作满10年并且距法定退休年龄不足10年的劳动者，在订立劳动合同时，允许劳动者提出签订无固定期限劳动合同。如果一个劳动者已在该用人单位满10年，但距离法定退休年龄超过10年，则不属于本项规定的情形。

3. 连续订立二次固定期限劳动合同且劳动者没有《劳动合同法》第三十九条和第四十条第一项、第二项规定的情形，续订劳动合同的。用人单位自用工满1年不与劳动者订立书面劳动合同的，视为用人单位与劳动者已订立无固定期限劳动合同。这也是司法实践中最为常见的达成无固定期限劳动关系的形式。

在劳动者没有《劳动合同法》第三十九条规定的用人单位可以解除劳动合同的情形下，如果用人单位与劳动者签订了一次固定期限劳动合同，在签订第二次固定期限劳动合同时，就意味着下一次必须签订无固定期限劳动合同。所以在第一次劳动合同期满，用人单位与劳动者准备订立第二次固定期限劳动合同时，应当作出慎重考虑。

普法提示

在我们日常的用工关系中，劳动者仍然会对无固定期限劳动合同有一些疑问。比如，如果用人单位与劳动者签的劳动合同没有约定期限怎么办？可以直接认定为无固定期限劳动合同吗？直接把没有约定合同期限的劳动合同视为无固定期限劳动合同并不妥当。无固定期限劳动合同的订立也需要具备《劳动合同法》规定的一定条件，且也要出于双方真实的意思表示。

没有约定合同期限的劳动合同应当分为不同情况分别处理。劳动者与用人单位自订立劳动合同之日起至争议发生之时，如果已经符合《劳动合同法》对无固定期限劳动合同规定的条件，劳动者也认为订立的为无固定期限劳动合同的，应当认定为无固定期限劳动合同。劳动者提出订立的合同为固定期限劳动合同，则可认定为固定期限劳动合同。劳动者与用人单位自订立劳动合同之日起至争议发生之时，如果不符合《劳动合同法》对无固定期限劳动合同规定的条件，则应当认定劳动合同为固定期限劳动合同，起始时间为订立劳动合同之日，终止时间由劳动者和用人单位协商确定。协商不成的，单位与劳动者确定解除劳动合同的时间，单位依法向劳动者支付相应的经济补偿。

如果劳动者已经符合订立无固定期限劳动合同的条件，但是却订立了固定期限劳动合同，劳动合同的效力如何呢？《劳动合同法》对无固定期限劳动合同订立的规定蕴含的含义为：当符合订立无固定期限劳动合同的条件时，如果劳动者选择订立无固定期限劳动合同，则用人单位必须与之订立无固定期限劳动合同；如果劳动者提出要订立固定期限劳动合同，则用人单位应当与劳动者订立固定期限劳动合同。订立何种性质的劳动合同，完全由劳动者选择。《劳动合同法》规定了合同无效的法定情形，即以欺诈、胁迫的手段或者乘人之危，使对方在违背真实意思的情况下订立的合同、用人单位免除自己的法定责任、排除劳动者权利的合同以及违反法律行政法规强制规定的合同是法定无效的合同。没有法定情形，则应当认定为订立固定期限劳动合同是双方真实意思的表示，是劳动者选择了订立固定期限劳动合同，合法有效。

此外还有延伸的问题，当订立无固定期限劳动合同的条件成立时，用人单位是否具有主动通知劳动者的义务。业界倾向于认为无须再增加用人单位的义务，法律已经赋予了劳动者极大的选择权，劳动者作为主动方，作为具备完全民事行为能力的自然人，如果怠于行使权利，则应自己承担相应后果。劳动者如果以对事实认识错误或者对法律认识错误的理由进行抗辩，也不应采纳。

另一个问题，当订立无固定期限劳动合同的条件成立时，用人单位能否向劳动者提出订立固定期限劳动合同。原则上是可以的。法律规定将选择权交给劳动者一方，规定了用人单位强制续签的义务。但并未规定用人单位不可以向劳动者提出续订固定期限劳动合同。用人单位提出后，劳动者如果同意订立固定期限劳动合同，则视为双方形成合意，尊重缔约自由；如果劳动者不同意，则用人单位仍应当与劳动者订立无固定期限劳动合同。

通过以上的介绍，大家应该能够了解，无固定期限劳动合同是我国劳动法赋予劳动者的一项特殊保护措施，当劳动者符合订立无固定期限劳动合同的条件时，享有绝对优势的选择权和决定权。国家通过法律的形式，为长期在一家单位忠诚提供劳动的劳动者提供更加稳固的保障。

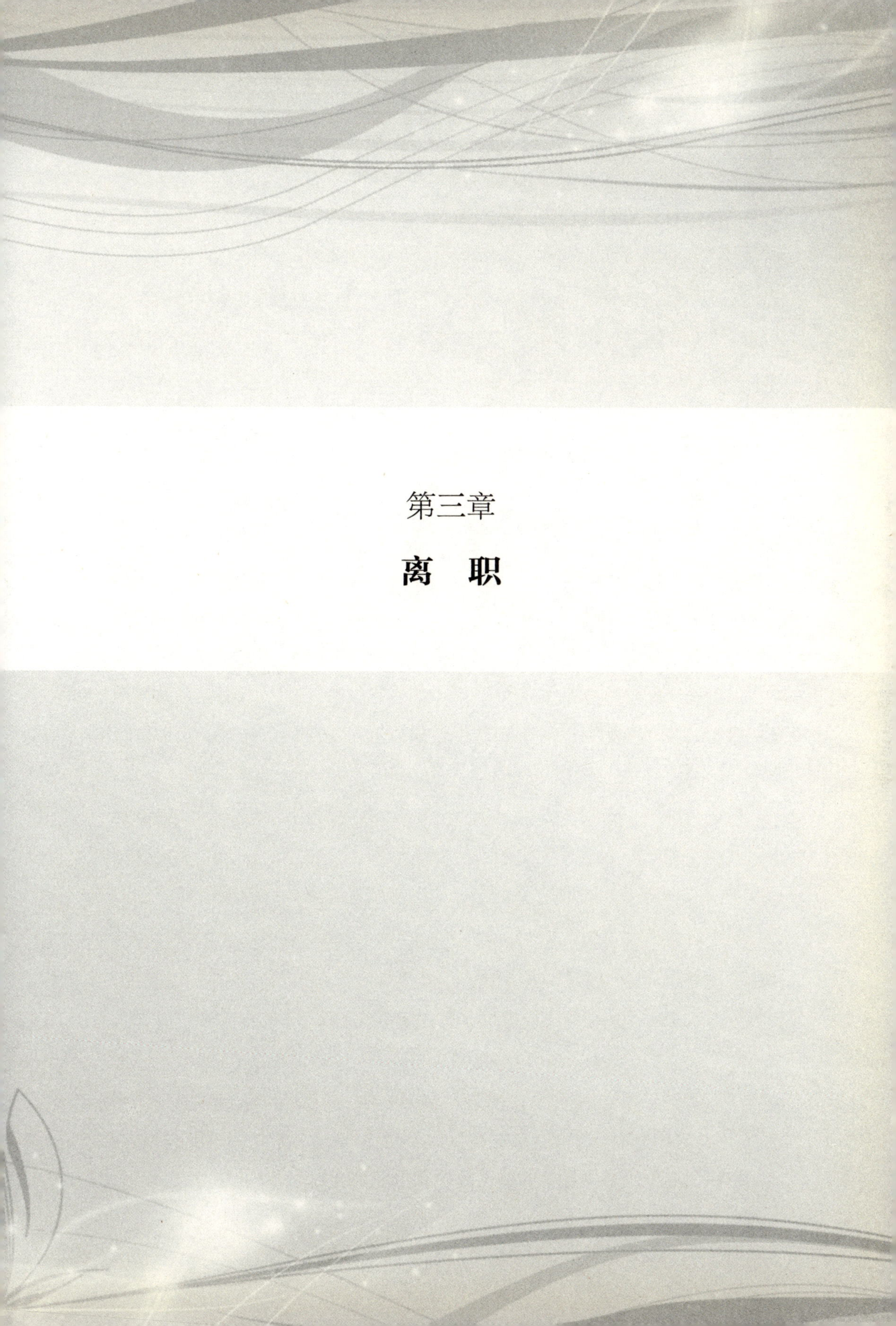

第三章

离　职

案例一

劳动者解除劳动合同

——劳动者提“分手”，可否要求“分手费”

王蒙[①]

案情回顾

李雷2015年4月8日入职北京玩得好旅行社，担任副总经理岗位，双方签订了劳动合同，期限是当天至2018年4月7日，合同中约定李雷的月工资是15000元。2016年3月起北京玩得好旅行社开始部分拖欠李雷工资，2016年9月以后未再支付李雷工资。

李雷对此很是恼火，工资已不能负担基本家庭支出。2016年12月15日，李雷以北京玩得好旅行社未及时足额支付工资为由，通过邮寄的方式书面通知与旅行社解除劳动合同，第二天开始就不去工作了，并在一周后向劳动仲裁委员会提出仲裁，要求旅行社支付拖欠的工资，并另行支付解除劳动关系的经济补偿金。

2017年2月，仲裁委员会作出裁决书，裁决北京玩得好旅行社支付欠付李雷的工资8万余元，支付李雷解除劳动合同的经济补偿金45000元，驳回了李雷的其他仲裁请求。

---

① 北京市西城区人民法院民七庭法官。

北京玩得好旅行社不服仲裁裁决，诉至法院，并主张李雷月工资仅为不低于本市最低工资标准，工作期间上班不打卡，严重违反公司的规章制度，其能力有限，制定的经营方针不适应市场需求，还给公司造成了经济损失，公司2016年12月14日已对其作出开除处理，另外李雷是公司股东，在公司经营不善时提出自愿放弃部分工资，公司没有故意拖欠其工资。

法院认为，用人单位应当按照劳动合同约定和国家规定，向劳动者及时足额支付劳动报酬。本案中，李雷与北京玩得好旅行社签订的劳动合同中约定了李雷的月工资标准是15000元；李雷在诉讼过程中提交的银行历史交易明细中显示“工资”项目的交易对方恰恰是旅行社，旅行社未就其主张的李雷工资标准、李雷自愿放弃上述期间的工资、已对李雷作出开除决定等主张向法院提交证据证明，所以法院对李雷每月15000元的工资标准，以及工作至2016年12月15日的事实予以采信，并认定北京玩得好旅行社未足额支付李雷2016年3月1日至2016年8月31日的工资，未支付李雷2016年9月起的工资，旅行社对此应当予以支付。

李雷以北京玩得好旅行社未及时足额支付工资为由通知其解除劳动合同，符合劳动合同法中规定的用人单位应当支付劳动者解除劳动合同经济补偿金的情形。法院依照《劳动合同法》第三十条、第三十八条、第四十六条之规定，判决北京玩得好旅行社支付李雷2016年3月1日至2016年8月31日、2016年9月1日至2016年12月15日的工资共计82194.67元，支付李雷解除劳动合同的经济补偿金45000元，驳回北京玩得好旅行社的诉讼请求。

法理分析

以上案例是劳动者行使解除权解除劳动合同的情形。劳动合同，是用人单位和劳动者在建立劳动关系之后，明确各自权利义务的协议。劳动合同解除，就是指劳动合同当事人阻却劳动合同存续，使劳动合同向后失去效力而提前消灭双方劳动关系的行为。

根据解除的原因不同，劳动合同解除的类型可以分为协议解除、单方解除和违法解除。协议解除，即用人单位与劳动者协商一致解除劳动合同，只要双方就此达成合意即可；单方解除，指享有解除权的一方当事人依其单方意思表示解除劳动合同，无须对方当事人同意；违法解除，则是指用人单位或劳动者违反法律规定解除劳动合同，需依照劳动法律的规定承担相应的法律责任。

不同的解除情形，对应不同的法律责任，主要是用人单位需要支付劳动者一定的“分手费”。

“分手费”都有哪些呢？根据劳动法律的规定，“分手费”主要包括代通知金、经济补偿金或者违法解除劳动合同的赔偿金，其作为一种用人单位对劳动者工作的补偿，是劳动法倾向保护劳动者理念的体现，用以修正用人单位与劳动者两方主体间的力量差异，形成二者在实质上平衡的利益格局。

协议解除一般不会发生争议。单方解除则是权利人依照自己意愿进行，容易发生纠纷，本节主要探讨劳动者单方解除的情形。

劳动者的单方解除主要包括两种。

1. 预告解除

预告解除，是指劳动者仅需履行预告的程序性条件，而无须事先征得用人单位同意即可解除劳动合同。预告辞职权，是劳动者劳动权的重要内容。赋予劳动者预告辞职权，可以使用人单位更加重视劳动者的劳动价值，更加主动地追求用人单位的发展目标和劳动者的个人价值相统一，使劳动者的权益保护和用人单位的良性发展有机结合，共同构建和谐、稳定和双赢的劳动关系。

《劳动合同法》第三十七条对此进行了明确规定，即劳动者提前 30 日以书面形式通知用人单位，可以解除劳动合同。劳动者在试用期内提前 3 日通知用人单位，可以解除劳动合同。

劳动者预告辞职的，用人单位无须支付劳动者经济补偿金。

另外需注意的是，根据《劳动合同法》第九十条的规定，如果劳动者违反规定解除劳动合同，给用人单位造成损失的，应当承担赔偿责任。

2. 即时解除

即时解除，是指劳动者无须进行预告即可解除劳动合同。劳动者的即时解除会直接影响用人单位的工作安排，导致用人单位在没有准备的情况下缺少必要人员接替进行工作，可能无法进行必要的生产经营，所以劳动者的即时解除权限定在用人单位存在过错的情形下。

《劳动合同法》第三十八条第一款规定，用人单位有下列情形之一的，劳动者可以解除劳动合同：（1）未按照劳动合同约定提供劳动保护或者劳动条件的；（2）未及时足额支付劳动报酬的；（3）未依法为劳动者缴纳社会保险费的；（4）用人单位的规章制度违反法律、法规的规定，损害劳动者权益的；（5）因《劳动合同法》第二十六条第一款规定的情形致使劳动合同无效的；（6）法律、行政法规规定劳动者可以解除劳动合同的其他情形。

在以上法律规定的用人单位存在违法情形的情况下，劳动者可以以此为由通知用人单位解除劳动合同，并由用人单位支付劳动者解除劳动合同的经济补偿金。

另外，用人单位违章指挥、强令冒险作业危及劳动者人身安全的，劳动者可以立即解除劳动合同，不需事先告知用人单位，用人单位仍然需要支付解除劳动合同的经济补偿金。

知识拓展

（一）劳动者行使解除权的其他问题

实践中，劳动者行使解除权解除劳动合同，还需注意诸多方面，主要包括以下几点：

第一，与《劳动法》相比较，《劳动合同法》增加规定了两种劳动者行使解除权、用人单位需要支付"分手费"的情形：即用人单位未及时足额支付劳动报酬的和未依法为劳动者缴纳社会保险费，因此涉及这两种情形下劳动者提出解除的，经济补偿金的计算年限应当从《劳动合同法》实施之日，即2008年1月1日起计算。

第二，关于未及时足额支付劳动报酬的尺度把握问题，一般理解为克扣、无故拖欠或拒不支付的情形，如果仅仅因为用人单位出现暂时性的生产经营困难导致迟付工资，或者用人单位与劳动者对加班工资计算基数或工资标准存在认识偏差，需要经过仲裁或者诉讼才能确定是否构成拖欠的，不认定为用人单位未及时足额支付劳动报酬。

第三，关于未依法为劳动者缴纳保险费，一般理解为用人单位未按社会保险法的相关规定确定的险种为劳动者建立社会保险关系。如果用人单位仅系未足额缴纳或个别月份欠缴社会保险费，因此种未足额缴纳或者欠缴的行为可以通过行政机关实现权利救济，因此如劳动者以此为由解除劳动合同，一般不按照该条规定处理。

对此问题，《北京市高级人民法院、北京市劳动人事争议仲裁委员会关于审理劳动争议案件法律适用问题的解答》（2017年4月24日）进行了明确规定，其中的第二十四条规定："劳动者提出解除劳动合同前一年内，存在因用人单位过错未为劳动者建立社保账户或虽建立了社保账户但缴纳险种不全情形的，劳动者依据《劳动合同法》第三十八条的规定以用人单位未依法为其缴纳社会保险为由提出解除劳动合同并主张经济补偿的，一般应予支持。用人单位已为劳动者建立社保账户且险种齐全，但存在缴纳年限不足、缴费基数低等问题的，劳动者的社保权益可通过用人单位补缴或社保管理部门强制征缴的方式实现，在此情形下，劳动者以此为由主张解除劳动合同经济补偿的，一般不予支持。”

另一种常见的情况，是“劳动者要求用人单位不缴纳社会保险，后又以用人单位未缴纳社会保险为由提出解除劳动合同并主张经济补偿的，应否支持”，《北京市高级人民法院、北京市劳动人事争议仲裁委员会关于审理劳动争议案件法律适用问题的解答》第二十五条规定：“依法缴纳社会保险是《劳动法》规定的用人单位与劳动者的法定义务，即便是因劳动者要求用人单位不为其缴纳社会保险，劳动者按照《劳动合同法》第三十八条的规定主张经济补偿的，仍应予支持。”这一点应当引起部分劳动密集型用人单位的重视。

第四，对劳动者解除劳动合同的原因应当如何界定？

我们认为应当以当时的事实为准，即应以劳动者的实际辞职理由作为应否支付经济补偿金的依据。如果劳动者解除劳动合同时并非按照属于《劳动合同法》第三十八条规定的情形为由提出辞职，至仲裁或诉讼阶段又主张是用人单位存在这一条规定的情形故其提出辞职，请求用人单位支付解除劳动合同的经济补偿金的，不符合这一条的规定，因此不应支付。在此我们再看一个典型案例。

2016 年 8 月 1 日，韩梅梅入职北京效果强广告公司工作，担任设计师，每月工资 7500 元。2017 年 10 月 8 日，韩梅梅以公司未给其缴纳社会保险为由提出解除劳动关系，通过快递方式进行了通知。2017 年 10 月 15 日，韩梅梅向劳动人事仲裁委员会申请仲裁，要求广告公司支付解除劳动关系的经济补偿金。2017 年 12 月 29 日，仲裁委员会作出裁决，裁决公司支付韩梅梅解除劳动关系经济补偿金 11250 元。广告公司不服，向法院提起诉讼。

法院认为：公司认可与韩梅梅存在劳动关系，法院不持异议。韩梅梅提交的快递单显示，其于 2017 年 10 月 8 日以公司未给其缴纳社会保险为由提出解除劳动关系，故法院确认双方自 2016 年 8 月 1 日至 2017 年 10 月 8 日期间存在劳动关系。关于解除劳动关系经济补偿金，根据《劳动合同法》第三十八条第一款第三项、第四十六条第一项的规定，劳动者因用人单位未依法缴纳社会保险解除劳动合同的，用人单位应当向劳动者支付经济补偿。本案中，韩梅梅以公司未给其缴纳社会保险为由提出解除劳动关系，符合上述法律规定，故公司应向韩梅梅支付解除劳动关系经济补偿金，金额为 11250 元。综上，法院判决北京效果强广告公司支付韩梅梅解除劳动关系经济补偿金 11250 元，驳回了广告公司的诉讼请求。

从这个案例我们可以看出，法院主要审查了两个问题：一是劳动者解除劳动合同的实际原因，二是该劳动合同实际解除的原因是否符合劳动合同法规定的用人单位需支付“分手费”的情形。如果两个条件均得到满足，那用人单位则避免不了支付“分手费”的义务。

（二）经济补偿金的计算

经济补偿金的计算主要包括两个问题，一个是怎样计算年限，第二个是怎样确定标准。

1. 根据《劳动合同法》的规定，经济补偿金的计算，按照劳动者在本单位工作的年限，每满 1 年支付 1 个月工资的标准向劳动者支付，6 个月以上不满 1 年的，按 1 年计算，不满 6 个月的，支付半个月工资的经济补偿；劳动者月工资高于用人单位所在直辖市、设区的市级人民政府公布的本地区上年度职工月平均工资 3 倍的，向其支付经济补偿的标准按职工月平均工资 3 倍的数额支付，向其支付经济补偿的年限最高不超过 12 年。

2. 经济补偿金的月工资是指劳动者在劳动合同解除或者终止前 12 个

月的平均工资。这12个月的工资按照劳动者应得工资计算，包括计时工资或者计件工资以及奖金、津贴和补贴等货币性收入，但不包括加班费，以上均为税前工资，即包含由个人缴纳的社会保险、住房公积金以及个人所得税。另需注意，劳动者在某些情况下，比如病假、待岗、事假等，可能导致在劳动合同解除或者终止前12个月的平均工资低于当地最低工资标准，这种情况下月工资标准按照当地最低工资标准计算。另外，如果劳动者工作不满12个月，则按照实际工作的月数计算平均工资。

（三）劳动合同终止

最后，我们来看一下劳动合同终止的相关问题，劳动合同终止都有哪些情形，是否应当支付经济补偿金。

根据《劳动合同法》第四十四条的规定，有下列情形之一的，劳动合同终止:（1）劳动合同期满的;（2）劳动者开始依法享受基本养老保险待遇的;（3）劳动者死亡，或者被人民法院宣告死亡或者宣告失踪的;（4）用人单位被依法宣告破产的;（5）用人单位被吊销营业执照、责令关闭、撤销或者用人单位决定提前解散的;（6）法律、行政法规规定的其他情形。因此，劳动合同期满，是劳动合同到期终止的情形之一。

《劳动合同法》与《劳动法》相比，对劳动合同期满终止的用人单位的义务进行了新的规定，即劳动合同期满终止的，除用人单位维持或者提高劳动合同约定条件续订劳动合同，而劳动者不同意续订的情形外，用人单位应当支付劳动者经济补偿金。因为这也是《劳动合同法》新规定的内容，计算终止劳动合同经济补偿金的工作年限从《劳动合同法》施行之日，即2008年1月1日起计算。如果用人单位维持或者提高劳动合同约定条件与劳动者续订劳动合同，而劳动者不同意续订，则用人单位无须支付劳动者经济补偿金。但对劳动者不同意续订的事实，由用人单位承担举证责任。也就是说，如确系劳动者不同意续订，应当由劳动者出具书面声明，避免事后因此发生纠纷，用人单位无法提交证据证明。

需特别提示的是，劳动者开始依法享受基本养老保险待遇，即办理完毕退休手续开始领取养老金而导致劳动合同终止的，用人单位不需要支付劳动者经济补偿金。

此外，用人单位需支付劳动者经济补偿金的劳动合同终止的情形还包括：（1）用人单位被依法宣告破产的；（2）用人单位被吊销营业执照、责令关闭、撤销或者用人单位决定提前解散的；（3）以完成一定工作任务为期限的劳动合同因任务完成而终止的。

普法提示

基于以上介绍，着重提示大家以下几点：

1. 预告解除和即时解除相区分。劳动者行使解除权解除劳动合同有两种情形，即预告解除和即时解除，在预告解除的情形下，用人单位无须支付解除的经济补偿金，在即时解除或符合特定规定的终止劳动合同的情形下，用人单位需要支付解除的经济补偿金。

2. 劳动者违法解除不苛求。关于劳动者违反规定解除劳动合同，如果劳动者没有按照劳动合同法的规定提前以书面形式通知解除劳动合同，同时因此给用人单位造成损失，应当承担赔偿责任，但如果没有给用人单位造成损失，实际其承担的法律后果可以忽略不计，用人单位对此不必过于苛求。但从诚实信用的角度来讲，为避免辞职行为给用人单位的工作安排、工作进度等产生不利影响，劳动者也理应依法履行预告通知义务。

3. 二次固定期限劳动合同到期要谨慎。在二次固定期限劳动合同到期后，如果劳动者不具有《劳动合同法》第三十九条和第四十条第一项、第二项规定情形，用人单位与劳动者续订劳动合同的，劳动者提出或者同意续订、订立劳动合同的，除劳动者提出订立固定期限劳动合同外，应当订立无固定期限劳动合同。如用人单位直接发出终止劳动合同的通知，不符合《劳动合同法》关于无固定期限劳动合同的规定，应为违法终止劳动合同，劳动者可以主张用人单位继续履行劳动合同或支付违法终止劳动合同的赔偿金。

案例二

用人单位解除劳动合同

——用人单位不能随意说“分手”

王蒙[①]

案情回顾

2015年6月30日，李雷入职北京畅销销售公司，双方签订了期限到2018年5月31日的劳动合同，合同中约定李雷担任高级销售，同时员工需要遵守公司的《员工手册》等各项管理制度，严重违反劳动纪律或公司规章制度的，公司有权解除劳动合同并不支付经济补偿。

2017年9月18日，北京畅销销售公司作出《解除劳动合同通知书》，其中称李雷工作态度自由散漫，多次旷工，严重违反公司规章制度，公司决定解除劳动合同。

李雷对公司的处理决定不服，向劳动人事仲裁委员会申请仲裁，要求公司支付违法解除劳动合同的赔偿金30000元。

2017年12月22日，仲裁委员会作出裁决，裁决公司支付李雷违法解除劳动合同的赔偿金30000元。后公司不服仲裁裁决，起诉至法院。

案子诉到法院之后，公司进一步提交了相关证据，包括《员工手册》

① 北京市西城区人民法院民七庭法官。

和签收表、李雷入职以来的考勤表和外出登记表、录像光盘，来证明公司规定上下班应打卡，李雷工作期间多次存在未打卡、外出未经领导签字的情况，多次外出登记信息不实。

其中，《员工手册》规定，员工应遵守公司签到和打卡制度，办公时间外出前需如实填写《外出登记表》。《外出登记表》需要填写完整，内容详细，否则视为无效外出登记。《外出登记表》要经部门领导审核签字，如部门领导外出不在公司，需要事先得到部门领导邮件或短信批复，并抄送或转发人力资源部工作人员，如无外出登记，也未能事先向人力资源部抄送部门领导批复的考勤邮件或短信批复，又无特殊情况，则按旷工处理。连续旷工 3 日或当月累计旷工 3 日或年度内无故旷工累计超过 15 日的，予以辞退。

考勤确认单显示李雷近半年来均未正常打卡。

外出登记表的项目包括外出时间、返回时间、外出地点、外出事由、联系人、电话和领导签字。李雷的外出时间、返回时间绝大部分为上午八点半、下午五点半，部分领导签字处为空白。录像光盘显示，公司就李雷近半年来外出登记表中记载的联系人电话进行核实，核实情况多为无人接听、号码暂停服务、空号，或者否认办理业务、否认有业务员联系等。李雷对这些证据的真实性都没有异议，但称外出登记表就放置于前台，员工填写完毕后就可以外出了，领导均为事后补签，真实客户信息也可以不填写，自行保存。

法院认为：因用人单位作出开除、除名、辞退、解除劳动合同、减少劳动报酬、计算劳动者工作年限等决定而发生劳动争议的，应当由用人单位负举证责任。本案中，公司以李雷工作态度自由散漫，多次旷工，严重违反公司规章制度为由，作出解除劳动关系的决定，就其主张提交了《员工手册》、考勤表、外出登记表和录像光盘，考勤表显示李雷未正常打卡，外出登记表显示李雷上述期间登记外出，录像光盘显示公司核实的李雷外出登记表中记载的联系人情况多不属实。根据以上证据，法院认为公司的举证已经达到民事诉讼法要求的高度可能性的证明标准，李雷工作期间未正常打卡，也未履行批准手续，且其外出登记情况存在不实。李雷虽辩称外出登记表可以不填写真实客户信息，自行保存，领导事后补签字，但没有就此提交证据，也没有未就其上述期间的工作内容充分举证证明，所以法院对他的答辩意见不予采纳。在此情形下，公司作出解除劳动关系的决定，并无不妥。公司要求无须支付李雷违法解除劳动关系赔偿金的诉讼请求，有事实和法律依据，予以支持。依据《劳动合同法》第三十九条、第四十八条，《最高人民法院关于民事诉讼证据的若干规定》第六条之规定，判决北京畅销销售公司无须支付李雷违法解除劳动合同的赔偿金。

法理分析

以上案例是用人单位“说分手”，即用人单位解除劳动合同的一种情形。概括起来，用人单位解除劳动合同，主要包括即时辞退和预告辞退两种。

（一）即时辞退

即时辞退，是指用人单位无须事先通知劳动者或支付代通知金，可随时通知劳动者解除劳动合同。即时辞退比较严厉，会严重影响劳动者的生活，因此限于劳动者存在过错的情形。

关于劳动者的过错情形，《劳动合同法》第三十九条进行了规定，包括：（1）在试用期间被证明不符合录用条件的；（2）严重违反用人单位的规章制度的；（3）严重失职，营私舞弊，给用人单位造成重大损害的；（4）劳动者同时与其他用人单位建立劳动关系，对完成本单位的工作任务造成严重影响，或者经用人单位提出，拒不改正的；（5）以欺诈、胁迫的手段或者乘人之危，使用人单位在违背真实意思的情况下订立或者变更劳动合同，致使劳动合同无效的；（6）被依法追究刑事责任的。

用人单位即时辞退劳动者成立的，不需要支付劳动者经济补偿金。

（二）预告辞退

预告辞退，是指用人单位提前通知劳动者或者支付代通知金后，可以辞退劳动者。我国《劳动合同法》规定的提前期限为30日，代通知金的标准为1个月工资。

《劳动合同法》第四十条规定，有下列情形之一的，用人单位提前30日以书面形式通知劳动者本人或者额外支付劳动者1个月工资后，可以解除劳动合同：（1）劳动者患病或者非因工负伤，在规定的医疗期满后不能从事原工作，也不能从事由用人单位另行安排的工作的；（2）劳动者不能胜任工作，经过培训或者调整工作岗位，仍不能胜任工作的；（3）劳动合同订立时所依据的客观情况发生重大变化，致使劳动合同无法履行，经用人单位与劳动者协商，未能就变更劳动合同内容达成协议的。

其中，劳动合同订立时所依据的客观情况发生重大变化，是指劳动合同订立后发生了用人单位和劳动者订立合同时无法预见的变化，致使双方订立的劳动合同全部或者主要条款无法履行，或者若继续履行将出现成本过高等显失公平的状况，致使劳动合同目的难以实现。

《北京市高级人民法院、北京市劳动争议仲裁委员会关于审理劳动争议案件法律适用问题的解答》（2017年4月24日）规定，下列情形一般属于“劳动合同订立时所依据的客观情况发生重大变化”：（1）地震、火灾、水灾等自然灾害形成的不可抗力；（2）受法律、法规、政策变化导致用人单位迁移、资产转移或者停产、转产、转（改）制等重大变化的；（3）特许经营性质的用人单位经营范围等发生变化的。

用人单位预告辞退劳动者的，应当支付劳动者经济补偿金，未提前30日通知的，还需按迟延通知的天数支付代通知金。

知识拓展

实践中，关于用人单位解除劳动合同，还需注意诸多方面，主要包括以下几点。

（一）预告辞退的限制

为保护处于特殊状态下的劳动者，《劳动合同法》规定具有如下法定情形之一的，用人单位不得适用预告辞退解除劳动合同：（1）从事接触职业病危害作业的劳动者未进行离岗前职业健康检查，或者疑似职业病病人在诊断或者医学观察期间的；（2）在本单位患职业病或者因工负伤并被确认丧失或者部分丧失劳动能力的；（3）患病或者非因工负伤，在规定的医疗期内的；（4）女职工在孕期、产期、哺乳期的；（5）在本单位连续工作满15年，且距法定退休年龄不足5年的；（6）法律、行政法规规定的其他情形。

虽然在以上情形下，用人单位的预告解除权受到限制，但如劳动者同时具有可以即时解除的情形，用人单位可以适用即时解除。另外，双方协商解除的权利亦不受限制，用人单位如果与劳动者通过协商达成一致，也可以协议解除劳动合同。

（二）举证责任的分配

解除劳动合同的举证责任由用人单位承担，即由用人单位提交证据证明劳动合同是如何解除的。

在用人单位与劳动者协商一致解除劳动合同或劳动者辞职的情况下，用人单位均应当注意留存双方签署的解除协议、劳动者的辞职信等证据，在用人单位作出解除决定的情况下，用人单位应当注意留存劳动者的违法违纪事实、解除依据、解除决定的公示或送达的证据。

《最高人民法院关于审理劳动争议案件适用法律若干问题的解释（三）》第十条规定，劳动者与用人单位就解除或者终止劳动合同办理相关手续、支付工资报酬、加班费、经济补偿或者赔偿金等达成的协议，不违反法律、行政法规的强制性规定，且不存在欺诈、胁迫或者乘人之危情形的，应当认定有效。前款协议存在重大误解或者显失公平情形，当事人请求撤销的，人民法院应予支持。

如果签订协议时用人单位支付了劳动者经济补偿或其他性质的补偿，用人单位应当与劳动者在解除协议中尽量约定双方无其他劳动争议，并注意保存款项的支付记录。

（三）规章制度

规章制度，是企业内部的法律，是用人单位制定的，对其自身和劳动者均有约束力的行为规范。规章制度一方面是用人单位自身的经营权和对劳动者的管理权的体现，另一方面也是国家对用人单位行使经营权和管理权的规范要求。在解除劳动合同的行为中，规章制度往往是用人单位的解除依据。规章制度必须具备法定生效要件，方能具有法律效力。具体而言：

1. 规章制度的制定主体必须合法。有权制定规章制度的，应当是用人单位有权对各个组成部分和全体劳动者进行全面和统一管理的机构，用人单位的内部职能部门可以参与制定，但必须经用人单位的审批并以用人单位的名义发布。

2. 规章制度的内容必须符合法律规定。用人单位制定的规章制度是其管理意志的体现，该意志要受国家法律法规的制约，不能与法律法规的规定相抵触，不能损害劳动者的合法权益。规章制度的具体内容可以是法律法规现有规定的细化和补充，但不能在劳动者已有权利之上进行约束或设置障碍，否则为无效制度。

3. 规章制度的制定必须经民主程序。国家要求规章制度的制定需履行法定程序，既可以督促用人单位自觉履行义务，又可以避免用人单位滥用权利损害劳动者的合法权益。具体分为两个步骤，一是经职工代表大会或者全体职工讨论，提出方案和意见，二是与工会或者职工代表平等协商确定。具体的履行方式包括书面形式、电子形式等。书面形式包括征求意见表、意见反馈表、规章制度的征求意见稿等形式，电子形式包括电子办公系统、电子邮件系统、工作群组聊天软件等。

4. 规章制度制定后需要向劳动者进行公示或者送达。公示或者送达的方式，可以在公示栏张贴，也可以制成员工手册等进行发放，劳动者阅读后签收确认，或者通过电子邮件方式发送。在具体操作层面，公示可以长时间公示，也可以将规章制度约定为合同附件，还可以由劳动者另行签收。

（四）违法解除

用人单位单方解除劳动合同，如果没有能够符合实体合法和程序合法两方面的要求，将被认定为违法解除劳动合同。

另外，用人单位单方解除劳动合同，还需要事先将理由通知工会，如果工会发现用人单位违反法律、行政法规规定或者劳动合同约定的，有权要求用人单位纠正，用人单位应当对工会的意见进行研究，并将处理结果书面通知工会。考虑到目前工会组建尚不具有普遍性和工会维权的现状，《最高人民法院关于审理劳动争议案件适用法律若干问题的解释（四）》第十二条规定，如果用人单位单方解除实体合法但未履行通知工会的程序，可以在劳动者起诉前予以补正。

用人单位违法解除劳动合同，既直接影响劳动者的生活甚至生存，同时也不利于其自身的正常生产经营，甚至威胁劳动关系的稳定和社会的和谐发展。用人单位应当就此承担相应的法律后果，即支付劳动者违法解除劳动合同的赔偿金或者继续履行劳动合同。通过规定用人单位承担相对较重的法律后果，劳动法据此引导用人单位长期、合法用工，谨慎作出解除行为，缓解劳动者在工作中的不安和焦虑，维护安全和稳定的用工关系，促进经济平稳健康发展。

关于继续履行和赔偿金二者之间的关系，根据《劳动合同法》的规定，劳动者要求继续履行劳动合同的，用人单位应当继续履行，劳动者不要求继续履行劳动合同或者劳动合同已经不能继续履行的，用人单位应当支付劳动者赔偿金，赔偿金的标准为经济补偿金的两倍。

一般来讲，用人单位违法解除劳动合同，劳动者要求继续履行劳动合同的，一般会得到支持。确实无法继续履行劳动合同的，劳动者可以将要求继续履行劳动合同的请求变更为要求用人单位支付违法解除劳动合同赔偿金。

《北京市高级人民法院、北京市劳动争议仲裁委员会关于审理劳动争议案件法律适用问题的解答》（2017 年 4 月 24 日）规定，劳动合同确实无法继续履行主要有以下情形：（1）用人单位被依法宣告破产、吊销营业执照、责令关闭、撤销，或者用人单位决定提前解散的；（2）劳动者在仲裁或者诉讼过程中达到法定退休年龄的；（3）劳动合同在仲裁或者诉讼过程中到期终止且不存在《劳动合同法》第十四条规定应当订立无固定期限劳动合同情形的；（4）劳动者原岗位对用人单位的正常业务开展具有较强的不可替代性和唯一性（如总经理、财务负责人等），且劳动者原岗位已被他人替代，双方不能就新岗位达成一致意见的；（5）劳动者已入职新单位的；（6）仲裁或诉讼过程中，用人单位向劳动者送达复工通知，要求劳动者继续工作，但劳动者拒绝的；（7）其他明显不具备继续履行劳动合同条件的。劳动者原岗位已被他人替代的，不宜认定为"劳动合同确实无法继续履行的"情形。

普法提示

基于以上介绍，着重提示大家以下几点：

1. 用人单位的即时辞退应当审慎进行。用人单位享有用工自主权，在劳动者具有劳动合同法规定的过错情形时，用人单位可以行使即时解除的权利。为了防止用人单位滥用解除权，随意与劳动者解除劳动合同，法律严格限定用人单位作出解除劳动合同的条件，同时对用人单位的即时解除提出实体和程序各方面的要求。用人单位应当确保规章制度的有效性，及时固定劳动者的违章违纪事实，在解除前履行通知工会的手续，并依法向劳动者送达解除通知。

2. 有关劳动报酬、工作时间、休息休假、劳动安全卫生、保险福利、职工培训、劳动纪律以及劳动定额管理的规章制度属于涉及劳动者的切身利益的规章制度，如果未经民主程序制定，则为无效制度，对劳动者不发生约束力。用人单位内部的工作流程、业务规则、工艺技术等不涉及劳动者切身利益的规章制度，则不需要经过民主程序制定，用人单位可以根据生产和经营需要，以科学合理的原则自行制定。需指出的是，《劳动法》第三条第二款中规定：劳动者应当遵守劳动纪律和职业道德，这是对劳动者的基本要求，即便在规章制度中未作出明确规定、劳动合同亦未明确约定的情况下，如劳动者存在严重违反劳动纪律或职业道德的行为，用人单位也可以依据该条款与劳动者解除劳动合同。

3. 实践中存在用人单位和劳动者对解除事实各执一词的情况，但双方均无证据证明各自的主张，导致解除事实确实无法查明。在此情形下，考虑到现实情况的纷繁复杂，如直接认定用人单位违法解除劳动关系，可能造成实体上的不公平。基于双方劳动关系事实上已经解除，法院可能比照双方协商一致解除劳动关系处理，判决用人单位支付劳动者解除劳动关系的经济补偿金。

案例三

妥善办理离职

——离职手续，你办得稳妥吗？

李晗[①]

离职了，我也要拿回我的钱

2013 年 1 月 21 日，申公豹入职某资产管理公司，双方签订了无固定期限劳动合同。合同中约定申公豹的薪酬由基本薪酬及绩效薪酬两部分组成，其中基本薪酬包括岗位工作及有关的社会福利，岗位工资由公司每年分 12 个月发放；绩效薪酬由公司有关规定以及申公豹的工作业绩决定，确定金额后发放。2013 年 4 月 9 日，公司任命申公豹为总裁助理兼财务总监。2015 年 5 月 13 日，公司任命申公豹为公司副总裁，继续兼任财务总监。申公豹任职期间，参与制定了公司多项规章制度，包括绩效考核办法、业绩管理办法、离职管理办法等。2015 年 10 月 12 日，申公豹提出离职，随后，申公豹与公司进行多次沟通。同月 30 日，申公豹正式离职，申公豹与公司办理了工作交接，填写了离职手续办理表，签署了离职确认书。其中离职确认书

① 北京市西城区人民法院民七庭法官。

中记载：申公豹自2013年1月21日起在公司工作，离职前岗位为公司副总经理兼财务总监兼财务管理部总经理。已于2015年10月30日与公司终止劳动合同关系，相关离职手续已办理完毕。申公豹与公司各项交接手续均已办妥，自离职之日起，双方已无任何法律及经济责任关系，亦无其他应了而未了事宜。申公豹在离职确认书中签字，公司亦加盖公章。申公豹离职后，以公司尚欠其2015年度奖金和2014—2015年度绩效未发为由，申请劳动仲裁。仲裁委员会未支持其主张，随后申公豹向法院起诉。

诉讼过程中，双方对于是否应当发放奖金及绩效问题存在较大争议。申公豹不认可公司提交的离职确认书，认为该确认书形式不符合法律规定，法律仅规定应当由用人单位单方出具离职证明，而并非制定制式的离职确认书，所以公司应当向其支付奖金及绩效。公司不认可申公豹的意见，表示双方签署离职确认书是双方自愿的行为，且其中载明双方无争议，而且对于离职的流程，申公豹作为公司高管曾经全程参与规章制度的制定，表明申公豹知晓全部的离职流程，且确实已经按照流程办理完毕离职手续，现申公豹申请仲裁及起诉，公司不能同意申公豹要求奖金及绩效的诉讼请求。因双方争议较大，法院调解未果，等待法院作出判决。

法理分析

为什么要支持劳动者的主张

法院最终的审判结果是驳回申公豹要求某资产管理公司支付奖金及绩效的诉讼请求，这与仲裁裁决结果是一致的。仲裁及法院为什么会作出这样的结论呢？

首先，我们从书证本身来分析。申公豹在办理离职过程中，与某资产管理公司签订一份书面的离职确认书。离职确认书中最重要的一段话是：自离职之日起，双方已无任何法律及经济责任关系，亦无其他应了而未了事宜。这句话的含义，从字面理解就已经非常清晰：双方已经办理完所有手续，结清所有账目，互不拖欠，没有未尽事宜。

其次，从离职过程来看。申公豹于 2015 年 10 月中旬提出离职，最终在 2015 年 10 月 30 日正式办理离职手续，其间双方进行过协商的工作，离职的协商工作一般都包括离职手续的办理、工资支付、补偿金等问题。双方对于奖金及绩效问题不可能不进行协商。而申公豹和公司能在 2015 年 10 月 30 日签署离职确认书，说明这是一个经过协商之后，双方均能认可的方案。

再次，从案件背景来看。经过法院的询问，申公豹表示虽然确实签署了离职确认书，但是当时办理离职手续较为仓促，原因是申公豹当时已经找到下一家单位，着急去下一家单位工作，所以申公豹称其实际不同意双方无争议的表述，只是为了尽快办理离职手续才签署的离职确认书。

最后，从法律规范角度看。《最高人民法院关于审理劳动争议案件适用法律若干问题的解释（三）》第十条规定：劳动者与用人单位就解除或者终止劳动合同办理相关手续、支付工资报酬、加班费、经济补偿或者赔偿金等达成的协议，不违反法律、行政法规的强制性规定，且不存在欺诈、胁迫或者乘人之危情形的，应当认定有效。前款协议存在重大误解或者显失公平情形，当事人请求撤销的，人民法院应予支持。申公豹与公司均在离职确认书中签字或者盖章，因此可以将离职确认书视为双方就解除劳动合同有关问题达成的协议，而且通过在审理案件过程中可知，不存在欺诈、胁迫的情况。申公豹称着急去下一家单位工作，为尽快办理离职手续才在离职确认书上签字的情形，系其自身原因所致，并不构成欺诈、胁迫。

另外，我们从常理也可以推断，申公豹作为公司高管，其了解公司规章制度的程度远高于普通劳动者，更何况申公豹本身就是关于离职方面规章制度的制定者之一，要说申公豹不知晓在离职确认书中签字的含义，这样的逻辑很难讲通。所以法院综合上述情况判断，最终驳回了申公豹的诉讼请求。这里我还援引了一些法律条文，在下面的讲解中会一一提到。

离职，心平气和，好合好散

离职就好比夫妻离婚，劳动者与用人单位都希望能够好合好散，但实际上闹得不可开交的也比比皆是。最为关键的问题，离职时都要办理哪些手续呢？《劳动合同法》第五十条第一款、第二款规定：用人单位应当在解除或者终止劳动合同时出具解除或者终止劳动合同的证明，并在 15 日内为劳动者办理档案和社会保险关系转移手续。劳动者应当按照双方约定，办理工作交接。用人单位依照本法有关规定应当向劳动者支付经济补偿的，在办结工作交接时支付。通过法律条文分析，在离职过程中，用人单位的义务包括为劳动者出具离职证明、转移档案和社会保险手续以及支付经济补偿；劳动者的义务是按照约定办理工作交接。法律条文很简单，现实生活很复杂。我们就来分析一下，在办理离职手续过程中，有哪些注意事项。

1. 离职证明怎样办理

离职证明是劳动者在用人单位曾经工作的重要证据。在我国劳动法体系中，对于双重劳动关系的认定是非常谨慎的。最为传统的劳动法理论认为，一个人在一个时间段内只可能存在一个劳动关系。离职证明的用处就在于用来证明一个劳动者已经和上一家用人单位不存在劳动关系，而劳动者在入职下一家单位时，处于无劳动关系的状态。这一点不难理解，因为人的精力是有限的，如果同时存在两个劳动关系，那劳动者给其中一家单位工作时，势必会给在另一方单位的工作造成影响。任何一个单位都不会允许这样的情况存在。

按照《劳动合同法》的规定，离职证明应当在解除或者终止劳动合同时由用人单位出具。但是现实中的问题往往就出在这个时间点上，因为各种原因，用人单位出具离职证明晚于解除或者终止劳动合同，甚至不给劳动者出具离职证明现象大量存在。这样给劳动者造成的不便就是无法去下一个单位工作。因为离职证明的缺失，下一个工作单位作出不予录取的决定，从而引发劳动者起诉上一个工作单位要求赔偿损失的案例曾经确实发生过。司法审判过程中，更多出现的案例则是劳动者要求用人单位出具离职证明，这样的诉求由于法律规定明确，只要法院能够认定双方劳动关系解除或终止，都会支持劳动者的诉求。

关于离职证明的另一个问题是，用人单位是否据实出具离职证明。劳动者在拿到用人单位出具的离职证明时，一定要仔细留意其中的内容，除了显而易见的笔误之外，离职证明中关于工作年限、职务岗位、离职原因的记载是否属实。因开具离职证明的一方在用人单位，所以在与劳动者发生矛盾时，用人单位可能会在离职证明中加入一些对劳动者颇有微词，甚至是歪曲事实的表述。劳动者一经发现就应当及时向单位提出更改，如果单位坚持不更改就应当通过仲裁及诉讼的途径对争议事实进行认定。否则，持记载不实的离职证明进入下一家工作单位，可能会给劳动者在下一家单位的工作带来不好影响。

2. 社保、档案如何转移

关于法律规定的社保和档案转移问题，在本书中会有专门的章节来详细说明，在这里我们简单来介绍一下离职过程中，转移社保和档案容易出现的争议。

法律规定转移社保和档案的义务在用人单位，因为用人单位本身就有为劳动者保存档案和为劳动者缴纳社保的法定义务。但由于在实际操作中，为劳动者转移档案需要有接收档案单位的配合，为劳动者转移社保需要到社保经办机构办理，所以办理起来并不容易，经常会出现要么有关部门怠于配合办理，要么用人单位本身消极应对的局面，不管哪种情况，对劳动者的合法权益都是一种侵害。相反，从劳动者的角度来说，有些劳动者工作过程中不辞而别，这也会使用人单位陷入被动，是不是还给劳动者继续缴纳社保，档案往哪里移转，用人单位也处于两难境地。劳动者应当充分认识到社保、档案对于自身的重要性，不论在哪个单位工作，单位都是需要通过社保和档案来完成对劳动者基本情况的了解的。所以，从一家单位离职后，积极来协调从原单位转出社保和档案，对于重新入职新的单位，是百利无害的。如果原单位不予配合员工办理社保和档案的转移，给劳动者造成损失的，劳动者当然可以通过仲裁及诉讼的方式来主张。

另外，劳动者也可以直接主张原单位为其转移社保和档案，法律对此规定非常明确，所以只要劳动者提出这样的诉求，劳动仲裁委员会及法院都会予以支持，只是正如之前所述，社保和档案的转移都需要相关部门的配合，即使仲裁委员会及法院能够支持劳动者的诉求，但在后续的实际执行过程中，可能仍然会出现无法执行的情况，劳动者对此要有心理准备。

从用人单位的角度来说，劳动者突然不辞而别，社保档案转移处理就比较麻烦，联系不上员工，无法核实现实状态，档案往哪里转，社保停不停缴，恐怕没有经验的单位会一时慌了神。其实，这时候来处理社保、档案的问题，首先要基于单位能否通过合法的方式来及时终止双方的劳动关系。其次要在合法终止劳动关系的基础上，单独就社保和档案的问题向劳动者履行合法的通知义务。最后要避免在没有完成上述步骤时就草率地给劳动者作出社保减员或者档案转出，否则，一旦劳动者主张权利，则会使单位陷入被动。当然，我们希望能越来越少地看到劳动者与用人单位在档案和社保的问题上发生争议，因为这对双方来说都直接关乎切身利益。

3. 工作交接宜细不宜粗

劳动者在单位工作，多多少少都会占有、使用单位的财物用于工作，在劳动者离职时，将这些占用的财物返还单位，是劳动者一方的义务。所以在《劳动合同法》的规定中，才会写明劳动者应当按照双方约定，办理工作交接。一般来说，劳动者与用人单位之间的矛盾较为冲突时，很难做到双方能够静下心来把工作交接的手续办理完成。只有在双方协商一致解除劳动关系或是双方矛盾尚不激烈的情况下，双方才会进行工作交接。

工作交接根据劳动者工作岗位的不同，会有相应的侧重。比如，会计部门的交接可能侧重于会计凭证、账簿、报表、审计报告等物品；行政部门的交接则是公章、办公用品、会议记录等物品。但是不论劳动者从事哪个职业，在交接过程中务必做到全面和仔细，在双方的交接清单中，将所持有的物品名称、特有标记描述全面，不怕麻烦，才能避免后续的麻烦出现。因为，在司法审判中，确实曾经出现过员工在离职后，用人单位起诉员工要求返还财务章的案例，结果员工在出示交接清单后，表明员工原本就不持有财务章，进而法院驳回用人单位诉讼请求的案例。

4. 何为完备的离职协议

离职协议的概念，在《劳动合同法》中是找不到踪迹的。关于离职协议，表述得最为清晰的法律规范，就是前文提到的《最高人民法院关于审理劳动争议案件适用法律若干问题的解释（三）》第十条的规定。这可以说是一个无所不包的规定，大凡与离职相关的内容，双方只要达成合意，都可以写在这个协议之中。而且，只要不存在欺诈、胁迫或者乘人之危情形的，都可以认定为有效，可撤销的情形也限于重大误解和显失公平两种情形。

签署离职协议这样一份文件，从形式来说更能体现出劳动者与用人单位之间协商一致解除劳动合同的过程。由于双方均签字盖章进行确认，离职协议也比单方作出的解除劳动合同决定或者离职证明更有信服力。那么，什么样的离职协议是最为完备、无可挑剔的呢？我们认为，应当在两方面内容上下功夫：

（1）前提基础明确。凡是合同，在开端都会见到“鉴于”“声明”一类的内容，这是体现介绍合同目的、背景原因的重要形式。离职协议在此必须说明缔结协议的原因：解除劳动合同关系。谁首先提出解除，对方是否确认，是否持有保留意见，是否就解除原因存在分歧，双方还有无继续履行的可能，将这些内容描述清晰，可以给后续协议的行文定下基调。

（2）争议内容的最终确认。双方协商了什么，确定了什么，都需要在这一部分最终落在纸面。按照司法解释的列举，双方可以就相关手续、支付工资报酬、加班费、经济补偿或者赔偿金等达成协议。实际上这部分内容可以是无所不包的，只要双方达成协议的内容，都可以写明。但是需要注意的第一个问题是，如果涉及工资、加班费、经济补偿的给付，需要将入职时间、离职时间、工资、加班费给付的起止时间商定写明；第二个问题是兜底条款和承诺条款的效力，既然这部分无所不包，那么实际上就起到兜底的作用，给付的项目就远不止司法解释所列举的内容，可能还包括福利待遇、未休年假工资、未签劳动合同双倍工资差额等其他金钱给付项目，尽可能详细列明双方协商确定的项目，可以有效防止劳动者或者用人单位就某些项目内容反悔。承诺条款更是在兜底条款的基础上，进一步对双方进行约束。从目前现实中看，主要是旨在对劳动者可能出现反悔情况的约束。我们在本章节最开始所提到的案例，就是因为双方在离职确认书中，明确约定了承诺放弃的条款，才使得法院作出驳回劳动者诉讼请求的判决。在这是要说明，兜底条款、承诺条款在司法审判中的审查是相当严苛的，必须是综合考虑签订离职协议的背景、双方地位差异、劳动者认知水平等多方面因素，来判断签订离职协议时劳动者是否明晰自身的权利和义务，以及是否自愿签订。如若不是，即使存在兜底条款、承诺条款，法院作出条款无效、用人单位继续支付相应费用的判决也是极有可能的。

5. 签订离职协议不履行，劳动者怎样维权

劳动者与用人单位签订离职协议，但是用人单位反悔了，劳动者当然可以通过申请劳动仲裁以及后续的诉讼途径来解决，这是最为普遍通行的做法。在这里，我们是想提示劳动者，如果离职协议中仅仅是涉及劳动报酬的给付问题，而不包括诸如社保、档案转移问题的话，其实有一种更为便捷的途径来主张权利，那就是向法院申请支付令。

支付令的名词可能有点陌生，但是它在劳动合同法中是有着明确的法律规定的。《劳动合同法》第三十条第二款规定：用人单位拖欠或者未足额支付劳动报酬的，劳动者可以依法向当地人民法院申请支付令，人民法院应当依法发出支付令。《最高人民法院关于审理劳动争议案件适用法律若干问题的解释（三）》第十七条第一款也明确规定：劳动者依据《劳动合同法》第三十条第二款和《调解仲裁法》第十六条规定向人民法院申请支付令，符合《民事诉讼法》第十七章督促程序规定的，人民法院应予受理。而《民事诉讼法》第十七章督促程序部分详细规范了人民法院审理支付令案件的流程。我们希望劳动者可以用最快、最便捷的方式实现自己的权利。

普法提示

守好自己的权利，离职也要办稳妥

现今的社会，人员的流动速度越来越快。那种在一个单位工作到退休的情况已经越来越少。当“跳槽”成为普遍现象时，伴随而来的就是入职、离职所带来的各种烦琐的手续。这其中，离职要面对问题的复杂程度，比办理入职要复杂得多。不论劳动者离职的这家单位本身是否存在问题，能够稳妥地从一家单位离职，本身就说明了一个劳动者办事、处事的能力。

我们都希望劳动者能够愉快地工作，即使在离开单位时也能心平气和、坦然面对，但是在审理案件过程中，我们更多看到的是因为离职过程不愉快，而造成的互相埋怨、剑拔弩张的情形。即使真的走到这一步，我们仍然要提示劳动者和用人单位，问题的出现都是双方面的，谁能保证在这个过程中完全没有责任吗？恐怕谁也不能。所以，在去向对方主张权利之前，先要审视自身在办理离职的过程中，是否存在疏漏，让对方抓住了把柄。这正回应了本章节的题目，离职手续，你办得稳妥吗？

第四章

后　续

案例一

竞业限制

——离职时的“紧箍咒”

王蒙①

案情回顾

2015 年 2 月 16 日，孙小空入职北京天宫科技公司，双方签订了《劳动合同书》，合同期限为 3 年，孙小空担任销售部副部长岗位。

双方另签订《保密和竞业限制协议》，其中约定北京天宫科技公司为甲方，孙小空为乙方，保密内容为：（1）甲方各项产品的生产技术，包括生产设备、工艺、数据、图纸、样品及一切与之有关的实际操作方法；（2）甲方在生产经营过程中的客户信息、营销渠道、销售价格、销售策略、采购资料、财务资料及发展方向等商业信息。

保密义务要求，乙方在甲方公司工作期间或离开甲方公司以后，均应遵守协议的各项条款，如有违反，甲方可以根据《劳动合同法》的相关规定追究乙方的法律责任，并要求赔偿经济损失。

竞业限制义务要求，乙方在甲方工作期间或离开甲方公司以后，均不得自营或者为他人经营与甲方相同或类似的行业，包括但不限于：乙方

---

① 北京市西城区人民法院民七庭法官。

单独从事或与他人合伙从事与甲方营业相同或类似业务，在从事与甲方营业相同或类似的单位任职、提供咨询或与之合作或作为股东，未经甲方同意，接受与甲方营业相同或类似业务单位提供的培训、资助、财物或其他利益。

孙小空在科技公司工作了1年，2016年2月16日向科技公司提交《辞职报告》，科技公司从2016年3月起每月支付孙小空竞业限制补偿5000元。

孙小空于2016年5月13日入职北京花果山数字公司，双方也签订了3年的劳动合同，孙小空在销售部门担任部长，每月工资20000元。

2016年12月20日，科技公司委托律师事务所向孙小空和数字公司分别发出《律师函》，要求孙小空在接函后履行以下义务：（1）停止为数字公司工作，并将已为数字公司提供的服务、获取报酬的情况向科技公司如实披露；（2）遵守法律规定及合同约定的保密义务，不得将科技公司的技术秘密及经营秘密泄露他人或自行利用。同时要求北京花果山数字公司在接函后履行以下义务：（1）停止雇用孙小空，并将孙小空为其提供服务、获取报酬的情况向科技公司进行披露；（2）不得利用孙小空所掌握的科技公司商业秘密。

2017年4月1日，科技公司向劳动人事争议仲裁委员会提出仲裁申请，仲裁委员会作出不予受理通知书。后科技公司诉至法院，要求孙小空赔偿科技公司经济损失100万元，数字公司承担连带责任。

法院认为，科技公司与数字公司存在竞争关系。孙小空与科技公司的竞业限制协议合法有效，孙小空2016年2月16日离职，并于2016年5月13日入职数字公司，违反了竞业协议中“不得入职营业范围相同或类似，有竞争关系的公司”之约定，应对科技公司承担违约责任。

数字公司与科技公司经营范围相似，在孙小空入职时应对其职业情况和背景有相当了解，应尽合理审查义务而未尽，主观上存在过错，孙小空的入职行为导致数字公司客观上侵犯了科技公司对孙小空因竞业限制协议而产生的债权，并因此受益，科技公司以孙小空、数字公司共同侵权要求其承担连带责任，有事实和法律依据。科技公司未就其主张的损失数额提交相应的证据予以证明，法院酌定为50000元。依据《劳动合同法》第二十四条、《最高人民法院关于审理劳动争议案件适用法律若干问题的解释（四）》第八条之规定，判决孙小空赔偿北京天宫科技公司损失50000元，北京花果山数字公司对此承担连带责任，驳回北京天宫科技公司的其他诉讼请求。

法理分析

（一）竞业限制制度

竞业限制制度，是指用人单位与劳动者在劳动合同中约定，保守用人单位的商业秘密和与知识产权相关的保密事项，对负有保密义务的劳动者，用人单位在劳动合同或者保密协议中与劳动者约定竞业限制条款，并约定在解除或者终止劳动合同后，在竞业限制期限内按月给予劳动者经济补偿，劳动者违反竞业限制约定的，按照约定向用人单位支付违约金。

在劳动合同订立或履行过程中，用人单位为保护自身的知识产权或者维护市场竞争地位，往往会与员工签订竞业限制协议，对员工在与用人单位解除合同后的择业进行限制。

随着近年来有关竞业限制引发的劳动纠纷逐渐增多，《最高人民法院关于审理劳动争议案件适用法律若干问题的解释（四）》对《劳动合同法》关于竞业限制的若干问题作出了细化规定，仍然坚持保护作为弱势一方的劳动者的权利，同时在符合法律规定的原则下尊重用人单位与劳动者的意思自治，平衡劳动者的生存权与用人单位的商业利益。

（二）新用人单位的责任

劳动者违反竞业限制义务的行为，包括到与本单位生产或者经营同类产品、从事同类业务的有竞争关系的其他用人单位工作，或者自己开业生产或者经营同类产品、从事同类业务。实践中，主要是第一种情形。

劳动者因违反竞业限制协议产生劳动争议的根源，是劳动者的入职行为，导致原用人单位竞争地位下降和新用人单位竞争地位上升之间的矛盾。因为新旧用人单位是同类市场的竞争者，劳动者违反竞业限制协议进入新用人单位工作，新用人单位可能获得更多的知识和智力资源，原用人单位的资源保有则相应下降，新用人单位间接成为劳动者违约行为的受益者。因此，原用人单位在通过劳动仲裁和诉讼主张劳动者承担违约责任的同时，往往会将新用人单位列为共同被告，要求其承担连带责任。

对于该问题，应当根据原用人单位的请求，分情况进行处理：

如果原用人单位的请求是要求劳动者支付违约金，因这一请求的基础是双方订立的竞业限制协议，属于双方约定的范畴，新用人单位不是协议当事人，所以不能将其列为被告承担违约责任。

如果原用人单位的请求是要求劳动者赔偿损失或者继续履行竞业限制协议，这一请求既是合同之债违约责任的承担方式，也是侵权之债侵权责任的承担方式，它的事实基础一方面是竞业限制协议，另一方面是劳动者未履行竞业限制义务以及新用人单位与劳动者之间建立劳动关系的行为，在后一种逻辑上，新用人单位和劳动者构成共同侵权，并与劳动者的违约行为构成竞合。

现有法律对近似问题进行了规定。《劳动合同法》第九十一条规定："用人单位招用与其他用人单位尚未解除或者终止劳动合同的劳动者，给其他用人单位造成损失的，应当承担连带赔偿责任。"《最高人民法院关于审理劳动争议案件适用法律若干问题的解释》第十一条规定："用人单位招用尚未解除劳动合同的劳动者，原用人单位与劳动者发生的劳动争议，可以列新的用人单位为第三人。原用人单位以新的用人单位侵权为由向人民法院起诉的，可以列劳动者为第三人。原用人单位以新的用人单位和劳动者共同侵权为由向人民法院起诉的，新的用人单位和劳动者列为共同被告。”

劳动合同与竞业限制协议均是原用人单位与劳动者之间订立的协议，我们认为可以比照适用。所以在此情形下，应当将新用人单位列为共同被告承担连带责任。

另外，基于侵权责任理论，新用人单位往往主观上存在故意或过失，均属于过错范畴。

故意是指新用人单位明知或者应知劳动者与原用人单位签订了竞业限制协议仍与劳动者建立劳动关系的，应当与劳动者承担竞业限制的连带责任。典型的故意是新用人单位恶意招揽劳动者，即劳动者并非主动应聘，而是新用人单位在得知劳动者在原用人单位的工作内容后，主动提出更高劳动条件招聘劳动者。在此种情况下，新用人单位对劳动者的定点招聘是劳动者违反竞业限制的诱因之一。新用人单位既是公平竞争规则的破坏者，同时也是劳动者违反竞业限制义务后的既得利益者，理应承担责任。

过失是指形式上不知或者不应知劳动者与原用人单位签订竞业限制协议的新用人单位，是否履行了竞业限制审查义务，如果没有审查应当认定其存在过失，也构成过错。主观上非故意的新用人单位，尽管表面上看上去并没有侵权的故意，但作为与劳动者原工作的用人单位经营相同或类似产品或服务的企业，应当对对方的基本用工情况有相当了解，因此不应以主观没有故意作为不承担责任的理由。新用人单位应当建立竞业限制义务的审查机制，没有履行审查义务的新用人单位，则认定其存在过错，其雇用负有竞业限制义务的劳动者，实质是与原用人单位进行竞争，侵犯原用人单位依据竞业限制协议享有的让劳动者在一段时间内放弃劳动权的劳动债权。因此新用人单位需要与违反竞业限制义务的劳动者一同承担侵权责任。

（三）劳动者解除竞业限制协议

根据相关的法律规定，在竞业限制期限内，用人单位请求解除竞业限制协议时，人民法院将予以支持。在解除竞业限制协议时，劳动者请求用人单位额外支付劳动者 3 个月的竞业限制经济补偿的，人民法院将予支持。但劳动者并不享有同等的解除权利。

在实践中，部分用人单位与劳动者约定了竞业限制和经济补偿，但在劳动合同解除或终止后，却迟延甚至拒绝支付经济补偿。劳动者在履行了竞业限制义务，放弃就业权的情况下，却没有得到经济补偿，个人生活可能遭受极大不利影响。

比如，我们将前述案例的事实修改为科技公司因财务出现问题一直未支付孙小空竞业限制补偿，在此情况下，孙小空为减少自身损失而选择了不再履行竞业限制协议，到与科技公司有竞争关系的数字公司工作。此时天宫公司主张孙小空违反竞业限制协议，要求其支付违约金的话能否得到法院支持。

《最高人民法院关于审理劳动争议案件适用法律若干问题的解释（四）》第八条规定："当事人在劳动合同或者保密协议中约定了竞业限制和经济补偿，劳动合同解除或者终止后，因用人单位的原因导致三个月未支付经济补偿，劳动者请求解除竞业限制约定的，人民法院应予支持。"

之所以作出以上规定，是基于诸多因素的考量：

第一，从劳动法倾向保护劳动者的立法精神来看，应当赋予劳动者解除权，否则劳动者的就业权将受到无端的限制，且没有经济补偿，导致生活水平显著下降，危及个人生存权。

第二，考虑全面履行劳动合同的原则，只有在用人单位拖欠经济补偿的行为达到一定严重程度时，劳动者才可以享有解除权，这样既可以保护劳动者的合法权益，也足以尊重用人单位的商业利益。所谓"一定严重程度”，是指用人单位拖欠经济补偿达到一定期限，这一期限为累计期限，可以是连续累计，也可以是跨月累计。实践中，用人单位的拖欠行为可能表现为多种形式，比如不支付、少支付、间歇支付等，只要不支付或者少支付累计达到一定期限，劳动者就应当享有解除权。这一期限不宜过短，亦不宜过长，应当在用人单位的商业秘密和劳动者生存权利之间达到平衡。如果过短，劳动者相对比较容易享有解除权，不符合竞业限制制度保护用人单位商业秘密的设计初衷；而如果过长，劳动者可能长期处在既无工作又无补偿的状态，对其个人生活造成较大不利影响。司法解释最终选择的期限为3个月。

第三，区分用人单位未依约支付经济补偿的原因。用人单位没有依约支付经济补偿的原因应限于用人单位一方的原因，包括用人单位主观上不愿支付和客观上不能支付。主观上不愿支付，是指用人单位基于自身利益的考量，明确拒绝或以某种借口恶意拖欠劳动者经济补偿，比如以存在未收货款、需要进行内部审批等借口拖延支付。客观上不能支付，是指用人单位因为经营不善等原因，客观上已经没有经济能力支付劳动者经济补偿。实践中，存在劳动者未按约定领取经济补偿，虽经催告但仍不领取，甚至为规避竞业限制义务而故意注销个人银行账号或账户，使用人单位客观上无法支付经济补偿的情形，此时如果继续赋予劳动者解除权，则违背法律的公平原则。

第四，劳动者行使解除权的同时，可以向用人单位主张支付拖欠的经济补偿。劳动者在行使解除权之前，已经限制了自己的就业权，履行了竞业限制协议约定的部分期间的义务，此种履行客观上导致其收入减少，且无法适用恢复原状的违约责任承担方式，因此只能由用人单位继续履行上述期间对应的经济补偿支付义务，将拖欠的经济补偿支付给劳动者。

因此，假如科技公司自孙小空离职后从未支付其竞业限制补偿，则将符合因用人单位的原因导致三个月未支付经济补偿的情况，孙小空于三个月期满时依法取得解除权，其可以向科技公司发出通知，通知解除竞业限制协议，此后孙小空无须对科技公司继续履行竞业限制义务。

知识拓展

实践中，关于竞业限制制度，还需注意诸多方面，主要包括以下几点：

第一，竞业限制经济补偿的标准不是竞业限制协议的生效要件。如果当事人在劳动合同或者保密协议中约定了竞业限制，但没有约定解除或者终止劳动合同后给予劳动者经济补偿，劳动者履行了竞业限制义务，要求用人单位按照劳动者在劳动合同解除或者终止前 12 个月平均工资的 30% 按月支付经济补偿的，人民法院将予以支持；如果月平均工资的 30% 低于劳动合同履行地最低工资标准的，按照劳动合同履行地最低工资标准支付。

第二，劳动合同解除的效力不及于竞业限制协议。当事人在劳动合同或者保密协议中约定了竞业限制和经济补偿，当事人解除劳动合同时，除了另有约定以外，用人单位要求劳动者履行竞业限制义务，或者劳动者履行了竞业限制义务后要求用人单位支付经济补偿的，人民法院将予以支持。

第三，支付违约金后仍然需要继续履行竞业限制协议。劳动者违反竞业限制约定，向用人单位支付违约金以后，用人单位要求劳动者按照约定继续履行竞业限制义务的，人民法院将予以支持。

普法提示

基于以上介绍，着重提示大家以下几点：

1. 从劳动法倾向保护劳动者的立法精神、竞业限制制度保护用人单位商业秘密的设计初衷等方面考量，在用人单位因自身原因拖欠劳动者经济补偿达到一定程度时，劳动者可以解除竞业限制协议，用人单位仍需支付劳动者已履行竞业限制义务期间的经济补偿。如果劳动者未行使解除权，因用人单位享有竞业限制协议的任意解除权，其也可以解除竞业限制协议，使竞业限制协议不再向后发生法律效力，但也应给劳动者相应补偿。

2. 从整个社会的层面来考虑，可以尝试建立劳动者竞业限制义务的审查机制，要求新用人单位对新招录的劳动者进行聘用前的审查，防止劳动者违反竞业限制协议，新用人单位以不知晓劳动者存在竞业限制协议为由招用劳动者，侵害原用人单位的合法权益。建立竞业限制义务审查机制，可以从源头上杜绝企业间在人才方面的恶意竞争，有效限制新用人单位利诱劳动者违反竞业限制协议的行为，有利于合理调节人才市场，促进企业经营平稳健康发展。

案例二

离职后的附随义务

——人走了茶不能凉

邹鸿雁[①]

案情回顾

杜小拉曾就职于某公司，后因工作原因向原单位提出离职，离职后杜小拉在去人才中心办理自己档案转移手续的过程中，遇到了一个不大不小的麻烦事。人才部门转档的时候填写的转档表格里需要原用人单位在上面盖章，杜小拉拿着表格找原单位办理手续的时候，单位的领导就是不同意，说杜小拉离职是自己要走的，档案也不是由公司保管的，杜小拉已经从单位离职，现在跟单位已经没有任何关系了，单位没有义务帮她这个忙，让她自己想办法解决。于是杜小拉又拿着离职时的离职证明书等材料去人才中心与工作人员交涉，人才中心说档案保管和转移是有严格的程序的，而且即使杜小拉已经离职，原来的用人单位也有义务帮忙配合办理。眼看着新的用人单位开具的档案接收函就要过期了，可是事情还是僵持着没有丝毫进展。杜小拉是好话说尽，可原来的领导就是不同意给她盖章，

① 北京市西城区人民法院民七庭法官助理。

无奈，杜小拉只好一纸诉状将昔日东家告上法庭，请求劳动仲裁部门裁决原用人单位为其办理档案转移手续。劳动仲裁部门裁决原用人单位为杜小拉办理档案转移手续。可是用人单位对劳动仲裁部门作出的裁决还是不服，又向法院提起了诉讼，请求法院判决用人单位无须为离职的杜小拉办理档案转移手续。单位坚持认为杜小拉已经离职了，而且是自己申请离职的，离职后单位也为杜小拉出具了离职证明书。杜小拉的档案也不在公司，不是由公司保管的，杜小拉离职后就和公司一点关系都没有了，公司没有义务再为杜小拉盖章或出具任何证明材料了。而且杜小拉离职已经很长时间了，也早过了诉讼时效了，法院就不该受理案件。至于杜小拉转不了档案是档案部门工作交接的事，和自己没有什么关系，杜小拉也应该找档案管理部门协调解决。

法院经审理后认为，劳动关系解除后，办理档案转移手续不是劳动者可以自行独立办理的，需要原用人单位配合出具相关手续，劳动关系解除不意味着双方权利义务关系的终止，还有附随义务需要完成。而且人事档案是公民取得就业资格、缴纳社会保险、享受相关待遇所应具备的重要凭证，档案转移手续没有办理是一种持续状态，给劳动者造成的损害也是一种持续状态，没有超过诉讼时效。最后法院判决驳回了公司的请求。一审结束后，双方都没有再向法院提起上诉，折腾了大半年，最终杜小拉以法院生效判决的方式才得以让原用人单位帮忙办理了档案转移的相关手续。[①]

---

① 案例来源：中国裁判文书网，北京市西城区人民法院（2017）京 0102 民初 11090 号民事判决书。

法理分析

（一）附随义务是什么

劳动者和用人单位的劳动关系解除或者终止后，双方之间的权利义务关系就已经消灭了。但是劳动者曾经在用人单位工作，受用人单位管理，在职期间用人单位也曾为劳动者缴纳社会保险，保管人事档案，劳动者在职工作期间也使用用人单位的办公用品甚至保管用人单位的重要印鉴，即使双方的劳动关系已经不复存在，劳动者和用人单位之间还有一些其他的附随性的事物性工作需要完成，如用人单位需要为离职人员出具离职证明、办理档案转移手续等这些都属于劳动法领域的附随义务。

（二）附随义务有哪些

对用人单位而言，劳动者离职后的附随义务主要有：第一，办理离职的各种手续，比如为已离职员工出具离职证明；给退休人员办理退休手续；为退休人员发放社保部门出具的退休证件；将员工的社保关系转出；办理档案转移交接手续；等等。第二，支付各类经济补偿，如劳动者离职时用人单位需要结清劳动者在职期间的各项工资报酬；支付解除劳动合同经济补偿金；为工伤职工支付一次性伤残就业补助金；支付竞业限制员工的竞业限制补偿金。第三，退还员工的个人物品，将员工在职期间的个人办公用品以及由用人单位保管的属于劳动者个人的证件、资质证书、奖状等退还给劳动者。第四，其他义务，比如将入职时收取的押金、保证金等退还劳动者等。

对劳动者而言，离职后的附随义务主要有：第一，办理工作交接手续，劳动者在离职时应该将自己的工作进度等向相关领导如实陈述；将在职期间使用的用人单位配发的电脑、桌椅等办公用品上交；将保管的用人单位的印鉴、钥匙以及账户密码等予以交接。第二，保守商业秘密，离职后劳动者也不能将自己在职期间掌握的用人单位的工作秘密等予以泄露，如果劳动者的泄密行为对原用人单位造成了损失还有可能被追究其他民事甚至是刑事责任。第三，遵守竞业限制协议，如果劳动者在职时签署了竞业限制的相关协议也要遵守约定。第四，支付违约或赔偿金，如果劳动者在职期间享受了用人单位提供的住房等待遇，约定了服务期等，劳动者在离职时损害了单位的利益，也应该向单位支付赔偿金。第五，其他义务，比如劳动者在职期间预支过工资也要将欠款结清，将门禁卡等归还等。

（三）附随义务的法律依据

有些附随义务法律有明确的规定。例如，《劳动合同法》第五十条第一款规定了用人单位的附随义务："用人单位应当在解除或者终止劳动合同时出具解除或者终止劳动合同的证明，并在十五日内为劳动者办理档案和社会保险关系转移手续。"同时该法第五十条第二款规定了劳动者的附随义务："劳动者应当按照双方约定，办理工作交接。"

还有些附随义务是基于合同的规定，比如劳动者和用人单位签署的竞业限制协议、服务期合同等。

还有的附随义务虽然法律没有明确规定，但是基于生活常识和职业规范也是需要用人单位和劳动者在离职后遵守执行的。例如，用人单位需要给已退休人员发放退休证，劳动者需要返还原用人单位的办公用品同时保守用人单位的商业秘密。

（四）不履行附随义务的后果

不履行附随义务的后果，其主要责任就是赔偿损失。对用人单位而言，如果没有及时将劳动者的社保、档案等转出，给劳动者造成损失，劳动者可以请求法院判决支付延迟转档等造成的损失。劳动者离职后，用人单位恶意刁难劳动者的行为，对用人单位在行业内的形象也不好，也不利于用人单位对内部的员工进行管理，会让在职员工对用人单位有负面的评价，不利于用人单位的自身团队建设和人事管理工作。

对劳动者而言，离职时没有和用人单位做好交接，给用人单位的日常管理工作造成的麻烦和损失，用人单位也可以请求法院判决劳动者支付赔偿金。如果劳动者离职后，泄露原工作单位的商业秘密还可能因为泄密行为而获罪，被追究刑事责任。再者，劳动者从事某项工作即使中间换工作，一般而言也是在行业内从业，劳动者也要注意维护自己的职业操守和形象，违背职业道德的行为也会给劳动者未来的职业生涯带来污点。

知识拓展

（一）人事档案关系大，劳动争议应该管

人事档案记载了一个人不同人生阶段的成长轨迹，特别是在计划经济时代，档案更是每个人的身份证明。随着国家各项政策的改革，特别是在市场经济条件下，人才的流动日益加快，企业的改制转型变化很快，各项社会保险政策陆续出台，因档案转移、丢失、损坏引发的争议上升。

但是在市场经济条件下，用人单位和劳动者之间的关系已经没有了计划经济时代的行政管理色彩，很多用人单位也没有档案管理的权限，那么人事

档案纠纷究竟还属不属于劳动争议，是否应该归为行政诉讼一直以来有争议。

劳动者要求用人单位办理转移档案或者要求就丢失、损坏档案赔偿损失的，这都属于用人单位在履行劳动合同过程中产生的法定义务，和劳动合同本身具有密不可分的关系。而且根据《企业职工档案管理工作规定》的相关要求，用人单位有将档案移转至相关部门的法定义务，由此而引发的纠纷也是劳动合同解除或终止后的附随义务纠纷。从争议的双方法律地位看，一方是劳动者、另一方是用人单位，双方的地位不平等不能适用于普通平等民事主体之间的民事保管合同关系。所以还应属于劳动争议案件的受案范围。

在档案丢失的情况下，对劳动者造成的损害也主要集中于就业、退休、养老保险的缴纳等劳动权利，所以也应该作为劳动争议案件受理。因为用人单位迟延转档或档案丢失，劳动者主张赔偿的，为避免后续产生的新纠纷，也应判令用人单位一次性给付。至于赔偿数额应该根据当事人过错的程度以及劳动者受损失的情况酌情确定，从目前的司法实践看一般不超过 6 万元。

但是对于劳动者要求用人单位补办档案手续的纠纷，就不属于劳动争议的受案范围。因为档案具有历史性，不可复制，而档案通常也是由用人单位保管的，劳动者并不清楚档案中的具体内容。诉讼中，劳动者也难以举证，即使可以举证，用人单位也无法补办，即使判决也没法执行。所以这类案件不属于劳动争议案件受案范围，劳动者和用人单位可以通过其他途径和渠道解决。

（二）社保配套在完善，遗留问题及时补

《社会保险法》实施后，原来社保领域里条块分割的现象已经开始慢慢统一，改革的配套措施也在完善的路上。之前由于政策原因，用人单位内部不同的员工因为户口性质、干部身份、指标配置的原因，享受不同的

社保待遇。干同样的工作，有的劳动者是农业户口，不能缴纳城市职工的社会保险；有的劳动者是固定工，有工作指标入职的，可以缴纳城市职工社会保险；有的劳动者是干部身份，无须缴纳社会保险，养老金由财政统发和享受公费医疗待遇；有的劳动者是临时工，不能通过用人单位缴纳社保，只能领取基本工资。

《劳动合同法》和《社会保险法》实施后，劳动和社保领域身份、户口的限制已经逐渐取消，社保部门的缴费管理体系也在不同省市之间可以接续转移。但是因为社保领域在逐渐完善，有些历史遗留问题也在逐渐解决，相关的文件多，政策复杂。用人单位要根据自身的用工情况及时关注政策的变化，配合完成相关工作，对已离职员工在职期间缴纳社保的情况也要及时汇总，向有关部门汇报。

有些用人单位就因为对离职后员工的社保缴费等信息疏于管理使公司承受了不必要的损失。张兰兰原是某大型国有企业的固定制合同工人，后调入其他单位工作，在临近退休办理退休手续的过程中，查询自己的社保记录，发现自己在原大型国有企业工作期间的社保缴费不全，影响自己办理退休手续，为了及时办理退休，享受退休保险待遇，张兰兰垫付了原企业应该负担的养老保险费用并缴纳了滞纳金，在社保部门顺利办理了退休手续。之后张兰兰向原企业索要自己垫付的费用并将其诉至法庭，企业认可张兰兰的工作经历和身份，但是认为在张兰兰工作期间，已经按照当时的国家政策为张兰兰缴纳了养老统筹即现在养老保险的前身，后来因为人力社保部门衔接问题，需要将缴纳凭证和财务凭证向人力社保部门提交，但是当时已经找不到相关凭证了。其实用人单位应该缴纳的保险费用并不多，只是20多年产生的滞纳金太高了。

法院经审理认为，为劳动者缴纳社会保险是用人单位的法定义务，用人单位未及时缴纳社保产生的费用和滞纳金应该由用人单位承担，故判决原用人单位支付张兰兰垫付的上述费用及滞纳金。

普法提示

（一）用人单位责任大，关键文件妥善管

用人单位作为管理者有责任更有义务妥善保管各类重要法律文件，特别是涉及劳动者档案这样的重要文件，更要委托专人进行保管和存放。即使用人单位发生了改制、并转，之前留存的重要档案资料也不能丢弃、毁损。特别是移转的手续也是重要的资料，不能因为档案被转走就忽视了手续的重要性。在档案交接的过程中更要做好相关的记录。实践中就有因为用人单位在档案转出的时候没有做好记录保存好手续而败诉这样的真实案例。

张壮壮原来是某修配厂的修理工人，后来因为打架斗殴而被判刑，刑满释放后一直自谋生路，后来因为到了退休年龄，快要办理退休手续时才开始去街道办事处、公安机关等四处查找自己的档案，都没有找到。原来工作的修配厂也经历多次的改制和重组，厂里的职工也都分流到各个地方，原来的厂址也由某大型集团公司承接。张壮壮无奈只能将集团公司告上法院，请求法院判决其承担档案丢失的法律责任。

集团公司多次去库房等处翻阅档案资料，很多档案都因为年代久远、企业改制重组、人员变更等原因无法查找。后来寻访到原来修配厂的退休人事科科长，才找到了一份原来的档案转递通知单存根。存根上记载了因张壮壮被判刑，某年某月某派出所调走了张壮壮的人事档案，但是档案转递通知单上既没有公安机关的印章也没有公安机关转出时的签字确认。最终法院判决某集团公司败诉，向张壮壮支付了档案丢失的赔偿金。①

① 案例来源：中国裁判文书网，北京市西城区人民法院（2017）京0102民初22945号民事判决书。

（二）自己的事儿放心上，及时处理少麻烦

对劳动者而言，也要多多关注自己的社保和档案情况，特别是刚刚参加工作的毕业生，缺乏工作经验，认为有工作发工资“今朝有酒今朝醉”就可以，常常一言不合就辞职，工作没几年就已经换了好几家公司，去过很多城市闯荡过了，连自己的档案现在何处都不知道。等到老了需要档案办手续的时候才开始着急，但是已经为时已晚。

20世纪八九十年代，就曾有一波下海潮、出国潮，一批年轻人离开原工作岗位自主创业，去海外出国淘金，很多人一走就和原单位失去了联系。现在这批人已经陆续到了退休年纪，面临办理退休手续的问题，但是原来的很多单位和人员都已经不存在了，自己去办理手续的时候面临重重障碍和问题。

许多历史遗留问题现在也没有妥善的机制能够处理，档案丢失也不能补办，很多问题靠诉讼也解决不了，有些问题甚至也不是法院的受案范围，即使起诉也被驳回。纵然找到原单位通过诉讼赔偿了部分损失，也还是面临着无法按时领取退休金，无法享受养老和医疗待遇的问题。

在这里要提醒劳动者，及时行使自己的权利，在离职时将自己的档案、户口还有社保关系等及时转出，敦促用人单位配合自己完成各项手续，切莫等到事过境迁后才去想办法，那时恐怕连补救的机会都没有了。

（三）好聚好散重情义，职场风正暖人心

其实，在劳动合同关系中，离职后的附随义务不论对劳动者还是用人单位而言都是最基本的职业操守和职业道德问题。案件的事实都很简单，是非曲直也都一眼即明，双方的争议也都不大。但是就是有很多劳动者或者用人单位认为离职了，两者就不存在任何关系了，特别是有的劳动者在职期间就

是因为和领导相处问题、工资待遇问题或者公司管理风格问题，对原来的用人单位心生不满才离职的。用人单位一般也对劳动者在职期间的表现有看法所以才会产生这样那样的问题，最终导致员工离职。

任何一名员工选择加入某家企业或者任何公司招聘员工都是有着良好的愿望和美好的愿景的。即使劳动合同存续期间双方发生了一些问题，产生过一些矛盾，也不至于在离职后的小问题、小事情上恶意刁难、故意诋毁。毕竟劳动者也曾经在用人单位工作过，在这里付出过自己的努力，挥洒过自己的汗水，也为用人单位提供过服务，创造过价值，所以在离职的临别之际，做好自己的本职工作，彼此给对方留一个美好的结局是每一个劳动者和用人单位都十分期待的，也不会对对方提出过高的要求。

法律是刚性的，没有温度，只能起到事后救济和防范的作用，但人心是温暖的，是有温度的。所以无论是劳动者还是用人单位都要遵守职场的职业道德，做到“好聚好散”“人走茶不凉”，没有必要为了不必要的琐事对簿公堂耗费精力，让职场的风清气更正。

案例三　工伤那些事儿

——工伤的认定有规定

梁良[①]

本节我们主要讲述劳动者非常关心的关于工伤的问题。所谓工伤，是指劳动者在从事职业活动或者与职业活动有关的活动时所遭受的不良因素的伤害和职业病伤害。常见的工伤一般发生在工作岗位上，如干活时被砸伤、在工作中突发疾病死亡。但现实生活中的情况往往更加复杂，对于劳动者未在工作地点受到的伤害，如上下班途中、临时脱岗外出发生伤害，是否会被认定为“工伤”？

案情回顾

孙策是东吴有限公司的员工，平时居住在公司宿舍。因家在外地，公司每个月会集中安排孙策休息 3 到 5 天。孙策借此机会回到 100 多公里外的杭州老家与家人团聚。2015 年 11 月 14 日是孙策的休息日。孙策为了能赶在第二天早上 8 点前按时上班，便在 14 日下午急忙从杭州老家坐客车返回位于南京的公司。到了南京，孙策又继续乘坐同事太史慈驾驶的电动自行车回职工宿舍。途中，太史慈的电动自行车与于吉驾驶的摩托车发生

① 北京市西城区人民法院民七庭法官。

碰撞，孙策当场死亡。

2016年1月6日，交警部门认定于吉负事故全责。2016年8月22日，人力资源和社会保障局认定孙策受到的交通事故伤害为工伤。东吴有限公司不服，认为孙策死亡的时间是在休息日，并不是上下班期间，其死亡不应当被认定为工伤，因此，东吴有限公司向人民法院提起行政诉讼，请求撤销认定工伤决定。

法院经审理认为，事发当日虽是孙策休息日，但因两地相距较远、路途转车等客观原因，为了次日能正常上班，孙策提前从杭州老家回宿舍的路线，是往返于工作地与家人居住地的必经路线，具有一定的特殊性，其行为具有正当性和合理性，根据《最高人民法院关于审理工伤保险行政案件若干问题的规定》第六条“对社会保险行政部门认定下列情形为‘上下班途中’的，人民法院应予支持：……（二）在合理时间内往返于工作地与配偶、父母、子女居住地的合理路线的上下班途中……”的规定，应当认定交通事故发生在上班的合理时间和合理路线内，人力资源和社会保障局据此认定孙策属于工伤并无不当，遂驳回东吴有限公司的诉讼请求。

东吴有限公司不服，向二审法院提起上诉。最终，二审法院维持了一审的判决，认定孙策构成工伤。

本案中，孙策发生车祸的时间是在休息日，为什么法院会最终认定孙策构成工伤呢？

法理分析

（一）法律依据

《工伤保险条例》是我国专门规定工伤问题的条例，其第十四条明确约定：职工有下列情形之一的，应当认定为工伤：（1）在工作时间和工作场所内，因工作原因受到事故伤害的；（2）工作时间前后在工作场所内，从事与工作有关的预备性或者收尾性工作受到事故伤害的；（3）在工作时间和工作场所内，因履行工作职责受到暴力等意外伤害的；（4）患职业病的；（5）因工外出期间，由于工作原因受到伤害或者发生事故下落不明的；（6）在上下班途中，受到非本人主要责任的交通事故或者城市轨道交通、客运轮渡、火车事故伤害的；（7）法律、行政法规规定应当认定为工伤的其他情形。

根据该条规定，职工在上下班途中，受到非本人主要责任的交通事故或者城市轨道交通、客运轮渡、火车事故伤害的应当认定为工伤。那么对于本案，最重要的问题就是如何理解"上下班途中"，孙策提前一天返回单位宿舍的过程是否可以理解为"上下班途中"？

（二）立法沿革

我国法律对于"上下班途中"的理解也经历了一定程度的转变。早在1996年，原劳动部颁发的《企业职工工伤保险试行办法》第八条规定，"在上下班的规定时间和必经路线上，发生无本人责任或者非本人主要责任的道路交通机动车事故的"，应当认定为工伤。2004年，施行的《工伤保险条例》第十四条第六项进一步规定，"上下班途中，受到机动车事故伤害的"，应当认定为工伤。2011年开始实施的《工伤保险条例》第十四条第六项规定，"在上下班途中，受到非本人主要责任的交通事故或者城市轨道交通、客运轮渡、火车事故伤害的"应当认定为工伤。

（三）理论辨析

通过对上述法律规定的梳理可以看出，我国目前正在施行的《工伤保险条例》主要从以下几个方面对劳动者在上下班途中工伤的认定进行了规定：

第一，摒弃了此前关于上下班“规定时间”和“必经路线”的限制，而以“合理时间”和“合理路线”取代，规定更加柔性，也更加以人为本。第二，突破了过去仅限机动车事故的限制，将机动车事故与非机动车事故以及职工乘坐城市轨道交通、火车等交通工具上下班发生的事故都纳入进来，扩大了受惠范围，充分保障了职工权益。第三，增加了“非本人主要责任”的条件限制。

接下来，我们对其中的几个关键概念进行全面系统的解读。

1. 上下班途中

对“上下班途中”应如何理解？是固定的时间和最近的唯一路线，还是合理的时间和路线？多长时间，什么样的路线又是合理的时间和路线？应该说，这些疑问是当前工伤认定中最模糊、最受争议的角落，为方便理解，我们再来看一个案例。

25 岁的小乔是一名纺织女工。7 月 29 日这天，小乔应该是下午 5 时下班，但眼见单位没什么事，小乔便和同事大乔相约一起去趟超市买菜，然后回家做饭。下午 4 时 50 分，小乔骑着摩托车搭载大乔，从单位提前下班，绕路去超市买菜。可是，谁也没有想到的是，就在 5 分钟后，小乔驾车行驶至超市附近的路口时，却不幸发生了意外。一辆小型普通客车疾驰而来，小乔来不及躲闪，与小客车迎面相撞，小乔和大乔被重重地摔倒在地上。小乔立即被送往医院，住院 1 个月。

事发当天，交警作出事故认定书，认定小乔负事故次要责任。在家休养期间，小乔认为，她是在下班途中发生的交通事故，应当认定为工伤。为此，小乔找到公司，要求公司为她申请工伤认定。公司虽然向人力资源和社会保障局提出工伤认定申请。但是，公司认为小乔不但早退，且绕路去超市买东西，既不属于在上下班途中，又违反劳动纪律，不应该认定为工伤。人力资源和社会保障局认定小乔受伤为工伤，单位不同意工伤认定，将此纠纷诉至法院。

法院认为：第一，小乔提前下班虽然违反了劳动纪律，但其行为的性质仍属于下班；第二，小乔事发当日行驶的路线，虽然并非回家的最短路线，但是去超市购物也属正常合理的生活需要，路线距离亦在合理范围内，且事故地点是小乔从单位离开后到达的第一地点，应当理解为下班途中的合理路线。故依然认定小乔系工伤。

通过小乔的案子，我们可以看出，对于“上下班途中”的理解应当灵活处理。合理的时间，包含两层含义，一是上下班的时间，二是上下班途中的时间。对于上下班的时间，一般用人单位都有严格的劳动纪律，要求员工不得迟到早退。对此规定，无可厚非。员工迟到早退，违反了劳动纪律，应当承担劳动纪律的处罚，这也是合理的，也为法律所支持。但是，员工因迟到早退所承担的责任，不能突破法律的限度。员工虽说迟到早退，但是，如果迟到时的目的是上班，或早退的目的是回家，性质仍为上下班。

对于上下班途中的时间，除了考虑两地的距离外，还应当充分考虑道路的畅通情况，代步工具的种类和性能、天气变化情况等因素，以足以保证劳动者能够顺利到达目的地为基线。所谓合理的路线，一般是两地的最直接、最通达的路线。在职工没有走最直接、最通达的路线上班或下班，而是绕道上下班时，还应当充分考虑到劳动者绕道的理由。理由正当，则绕道也应视为合理路线。

本案中，小乔早退的目的是下班回家，虽然违反了用人单位的劳动纪律，其行为的性质仍属于下班。至于绕道去超市购物，这是合理的生活需要，符合常理，也与法律不悖，工伤认定机构认定小乔为工伤，是正确的。法院维持工伤认定，无疑也是正确的。当然，本案具有特殊性。现实生活纷繁复杂，并非所有提前下班后造成事故的伤害都可以认定为工伤，还要具体问题具体分析，不可一概而论。

2. 事故伤害

这里的“事故伤害”，既可以是职工驾驶或乘坐的车辆发生事故造成的伤害，也可以是职工因其他车辆事故造成的伤害，包括交通事故、城市轨道交通、客运轮渡和火车事故。

3. 事故认定

这里的“事故认定”，应以公安机关交通管理、交通运输、铁道等部门或有关机关出具的法律文书或者人民法院的生效裁决为依据。另外，按照道路交通法律法规的规定，交通事故责任共分五类，其中“非本人主要责任”应当包括“同等责任”“次要责任”“无责任”这三类，属于可认定工伤的范围。

知识拓展

工伤的问题纷繁复杂，远不止上下班途中发生意外这么简单。接下来，我们来讲述几个工伤界的“网红”。

（一）工作当中突发疾病（非职业病）抢救48小时未死，属于工伤吗

在上班期间突发疾病是不可避免的，要是在抢救之后未死亡属于工伤吗？答案是否定的。依据《工伤保险条例》第十五条规定，视同工伤的情形包含在工作时间和工作岗位，突发疾病死亡或者在48小时之内经抢救无效死亡的。由此可以看出，如果疾病抢救48小时未死，则不构成工伤。

（二）没有劳动关系就不能申请工伤认定了吗

根据法律的规定，劳动者与用人单位建立劳动关系可以申请工伤认定。那么，是否必须是劳动关系才可以申请工伤认定呢？我们再来看一个案例。

2015年8月，不具备用工主体资格的案外人刘备与东汉快递公司签订承包协议，约定刘备以个人身份承包成都片区的快递派送业务。2015年10月，诸葛亮找到刘备，要求跟着刘备干，从事快递员的工作，于是诸葛亮正式成为快递小哥。2015年11月25日，正值“双十一”派送的关键时刻，但不幸发生了。这天上午9时，诸葛亮在派送快递的过程中突发心肌梗，两小时后因医治无效死亡。诸葛亮的妻子黄月英坚持认为诸葛亮是工伤，于是，黄月英向人力资源和社会保障局申请工伤认定。这种情况下，东汉快递公司是否应当承担工伤保险责任？

《人力资源社会保障部关于执行〈工伤保险条例〉若干问题的意见》第七条规定，具备用工主体资格的承包单位违反法律、法规规定，将承包业务转包、分包给不具备用工主体资格的组织或者自然人，该组织或者自然人招用的劳动者从事承包业务时因工伤亡的，由该具备用工主体资格的承包单位承担用人单位依法应承担的工伤保险责任。此外，《最高人民法院关于审理工伤保险行政案件若干问题的规定》第三条第一款规定：“社会保险行政部门认定下列单位为承担工伤保险责任单位的，人民法院应予以支持：……（四）用工单位违反法律、法规规定将承包业务转包给不具备用工主体资格的组织或者自然人，该组织或者自然人聘用的职工从事承包业务时因工伤亡的，用工单位为承担工伤保险责任的单位……”

具体到本案，东汉快递公司将派送业务承包给不具备用工主体资格的刘备，刘备以个人身份自行招聘诸葛亮，诸葛亮在派送快递的过程中突发疾病死亡，符合上述法律的直接规定，故东汉快递公司应当为承担工伤保险责任的单位。既然东汉快递公司为承担工伤保险责任的单位，是不是意味着存在劳动关系呢?

对于该问题，北京市高级人民法院与北京市劳动人事争议仲裁委员会在2017年4月发布《关于审理劳动争议案件法律适用问题的解答》，其第一条明确指出，《最高人民法院关于审理工伤保险行政案件若干问题的规定》第三条第一款第四项中“用工单位”“被挂靠单位”与“因工伤亡职工（人员）”之间不是劳动关系或雇佣关系。“用工单位”“被挂靠单位”仅是承担工伤保险责任的单位。

由此推之，即便双方之间建立的并非劳动关系，但因法律直接规定用工单位是承担工伤保险责任的主体，所以劳动者依然可以在没有劳动关系的情况下申请工伤认定。

（三）退休人员返聘出意外，是否属于工伤

现实当中，有很多用人单位可能会因为某些原因返聘已经退休的员工。如果返聘的退休人员在工作中发生意外是否属于工伤？对此，我们需要对相关规定进行梳理。

1. 最高人民法院的答复。2010年，最高人民法院出具《最高人民法院行政审判庭关于超过法定退休年龄的进城务工农民因工伤亡的，应否适用〈工伤保险条例〉请示的答复》（〔2010〕行他字第10号），内容包括“用人单位聘用的超过法定退休年龄的务工农民，在工作时间内、因工作原因伤亡的，应当适用《工伤保险条例》的有关规定进行工伤认定”。

2.2016年3月28日，人力资源和社会保障部在《关于执行〈工伤保险条例〉若干问题的意见（二）》中对达退休年龄人员工伤认定问题作了新规定，规定了两种情形可以认定工伤：第一种，达到或超过法定退休年龄，但未办理退休手续或者未依法享受城镇职工基本养老保险待遇，继续在原用人单位工作期间受到事故伤害或患职业病的，用人单位依法承担工

伤保险责任。第二种，用人单位招用已经达到、超过法定退休年龄或已经领取城镇职工基本养老保险待遇的人员，在用工期间因工作原因受到事故伤害或患职业病的，如招用单位已按项目参保等方式为其缴纳工伤保险费的，应适用《工伤保险条例》。[①]

经过对相关法律法规、解释、答复的梳理，我们可以看到劳动者退休后仍适用《工伤保险条例》存在三种情形：一是用人单位已经为达到法定退休年龄的劳动者缴纳了工伤保险费的，无论该劳动者是否已经享受养老保险待遇均适用《工伤保险条例》；二是达到法定退休年龄但未享受养老保险待遇的城镇职工，如果继续在原用人单位工作而受到工伤的适用《工伤保险条例》；三是超过法定退休年龄的进城务工农民可以适用《工伤保险条例》，无论用人单位是否为其缴纳了工伤保险。

（四）四种特种情况无法认定

天有不测风云，人有旦夕祸福。我国《劳动法》对于工伤认定的范围和受工伤的劳动者的待遇都作了明确规定，使得劳动者的权益能够得到真正的保障。但并非劳动者所有的受伤情况都能被认定为工伤，下面简单列举四种不能被认定为工伤的特殊情况：（1）工作时间不工作而导致受伤的，不能认定为工伤。例如，员工互相打闹导致受伤，不能认定为工伤，只能自行承担。（2）法律虽然把上下班途中受伤认定工伤，但

---

① 《人力资源社会保障部关于执行〈工行保险条例〉若干问题的意见（二）》第二条规定：达到或超过法定退休年龄，但未办理退休手续或者未依法享受城镇职工基本养老保险待遇，继续在原用人单位工作期间受到事故伤害或患职业病的，用人单位依法承担工伤保险责任。用人单位招用已经达到、超过法定退休年龄或已经领取城镇职工基本养老保险待遇的人员，在用工期间因工作原因受到事故伤害或患职业病的，如招用单位已按项目参保等方式为其缴纳工伤保险费的，应适用《工伤保险条例》。

前提条件是非劳动者主要责任。如果是因为劳动者本人的责任导致交通事故并受伤的情况，就别想认定工伤了。（3）在工作时间和工作岗位，劳动者突发疾病属于工伤，因此死亡的，属于工伤。但在经抢救无效48小时后死亡的不属于工伤，也就没有相关待遇。（4）依据《工伤保险条例》第十六条的规定，职工有下列情形之一的，不得认定为工伤或者视同工伤：（1）故意犯罪的；（2）醉酒或者吸毒的；（3）自残或者自杀的。

普法提示

对于工伤的问题，我们要从以下几个方面来考虑。

（一）“一个中心，两个基本点”

“一个中心”是指“上下班途中”，“两个基本点”是指“合理时间”和“合理路线”两个基本要素。上下班途中作为一个法律概念，随着社会发展和变迁，含义不断丰富。因此，除一般解释为直接上班或下班途中外，不应拘泥于字面含义，还应当凭借一般社会生活经验及社会情理等，对一些非常规下的“上下班途中”进行合理性的综合考量，充分考虑到社会生活中上下班的各种特殊情形。对于是否属于上下班途中的认定一般还需个案考量，并非提前上班途中发生交通事故一概都构成工伤。

（二）对劳动者的建议

劳动者在应聘时，一定要与用人单位签订正规的劳动合同，保障自己的权益。一旦在工作期间发生交通意外，要尽快申请工伤认定，要注意证据的搜集和保存，包括劳动关系认定方面的证据，见证自己受伤的证人、证词和证明材料等。

（三）对用人单位的建议

用工单位要建立规范的用工制度，签订规范的劳动合同，开展必要的安全培训，并为他们缴纳社会保险费以及购买相应的人身意外险。只有企业自身健全完善内部的管理机制，才能最大限度地抵御风险。

图书在版编目（CIP）数据

职场法律常识案例读本 / 蔡慧永，刘双玉主编. —北京：中国法制出版社，2019.8

（法官说法丛书）

ISBN 978-7-5216-0378-1

Ⅰ. ①职… Ⅱ. ①蔡… ②刘… Ⅲ. ①法律–基本知识–中国 Ⅳ. ①D920. 5

中国版本图书馆CIP数据核字（2019）第147185号

责任编辑：戴　蕊（dora6322@sina.com）

李宏伟（lhwstc@163.com）

封面设计：周黎明

职场法律常识案例读本

ZHICHANG FALÜ CHANGSHI ANLI DUBEN

主编 / 蔡慧永　刘双玉

经销 / 新华书店

印刷 / 三河市国英印务有限公司

开本 / 710毫米×1000毫米　16开　　印张 / 14　字数 / 200千

版次 / 2019年8月第1版　　2019年8月第1次印刷

中国法制出版社出版

书号ISBN 978-7-5216-0378-1　　定价：39.80元

北京西单横二条2号　邮政编码100031　　传真：010-66031119

网址：http://www.zgfzs.com　　**编辑部电话：010-66054900**

市场营销部电话：010-66033393　　**邮购部电话：010-66033288**

（如有印装质量问题，请与本社印务部联系调换。电话：010-66032926）